H Stickelberger

Lautlehre der lebenden Mundart der Stadt Schaffhausen

H Stickelberger

Lautlehre der lebenden Mundart der Stadt Schaffhausen

ISBN/EAN: 9783743621381

Hergestellt in Europa, USA, Kanada, Australien, Japan

Cover: Foto ©ninafisch / pixelio.de

Weitere Bücher finden Sie auf **www.hansebooks.com**

Lautlehre

der

lebenden Mundart

der

Stadt Schaffhausen.

A. Einleitung. B. Zur Erklärung der Lautzeichen, zugleich
Orientierendes über das Physiologische der Mundart.
C. Vocalismus.

Inaugural-Dissertation

zur

Erlangung der philosophischen Doctorwürde

an der

Universität Leipzig

von

Heinrich Stickelberger.

———–◇•◇–———

Aarau,
Druck und Verlag von H. R. Sauerländer.
1881.

Der philosophischen Facultät, der Universität Leipzig hat eine umfängliche und abgeschlossene Arbeit über den genannten Gegenstand, die den Consonantismus mit umfasste, vorgelegen. Auch manches für den Vocalismus Wichtige war beim Consonantismus abgehandelt. Der Verfasser hofft das Ganze als eigene Schrift seinen Fachgenossen bald vorlegen zu können.

Inhalt.

— IV —

Verzeichniss der dunkleren Abkürzungen.

AGr. — Alemannische Grammatik von K. Weinhold. Berlin 1863.

Amhd. — ahd. und mhd.

B — Mundart des Dorfes Buch im schaffhauserischen Hegau.

Beitr. — Beiträge zur Geschichte der deutschen Sprache und Literatur von H. Paul und W. Braune.

Birl. Al. — Birlingers Alemannia.

Brücke — Grundzüge der Physiologie und Systematik der Sprachlaute von E. Brücke. 2. Aufl. Wien 1876.

„Das Brot" etc. — Das Brot im Spiegel schweizerdeutscher Volksfprache und Sitte. Aus den Papieren des schweiz. Idiotikons. 'Leipzig 1868.

F. M. — Die deutschen Mundarten, Zs. hg. von K. Frommann. Neue Folge.

Göpfert — Die Mundart des sächs. Erzgebirges von A. Göpfert.

Gr. W. — Deutsches Wörterbuch von J. Grimm und W. Grimm etc.

Hunz. — Aargauer Wörterbuch in der Lautform der Leerauer Mundart von J. Hunziker. Aarau 1877.

K — Kerenzen im Kt. Glarus. — KM — Wintelers Buch über die Kerenzer Mundart.

K. Z. — Zs. für vergleichende Sprachforschung von A. Kuhn.

Ma. — Mundart.

Mhd. Wb. — Mittelhochdeut. Wörterb. von Benecke-Müller-Zarncke.

Mnhd. — mhd. und nhd.

Nhd. — in den meisten Fällen = nhd. Schriftsprache.

Obers. — obersächsisch.

Proben — Proben aus dem für das schweizerdeutsche Idiotikon gesammelten Materiale (v. d. Redactoren F. Staub und L. Tobler), Zürich 1874.

Richtebr. — Der Schaffhauser Richtebrief. Die ältesten Satzungen der Stadt aus dem Jahre 1291, hg. von J. Meyer, Schaffh. 1857.

Rumpelt, System der Sprachl. oder auch schlechthin Rumpelt — das natürliche System der Sprachlaute von H. B. Rumpelt. Halle 1873.

Rumpelt, Deut. Lautl. — Deutsche Grammatik von H. B. Rumpelt. 1. Theil, Lautlehre.

S — Schaffhauser Stadtdialekt.

Schade — Altdeutsches Wörterbuch von Oskar Schade, 2. Aufl.

Schm. — Bayerisches Wörterbuch von J. A. Schmeller. 2. Ausg. von H. Frommann. München 1872.

Sievers — Grundzüge der Lautphysiologie von E. Sievers. Leipzig 1876.

Sprachb. — Deutsches Sprachbuch für höhere alemannische Volksfchulen von
J. Meyer, Schaffhausen 1866.

St. — Versuch eines schweiz. Idiotikons von F. J. Stalder. Aarau, 1806—12.

Stadtb. — Das Stadtbuch von Schaffh., hg. von J. Meyer, Birl. Al. V. VI.

Stockar — 1) Hans Stockars von Schaffhusen bilgeri des halgen Grabs Haimfartt von Jerusalhem im Jar nach Krystus Geburt 1519. 2) Hans Stockars
Tagebuch. Beides hg. von Maurer-Constant, Schaffh. 1839.

sw. M. — schwaches Masc.; vor F. und N. (Fem. und Neutr.) habe ich diese
Bestimmung nicht gesetzt, da hier eben die endungslosen stark, die mit
Endung versehenen schwach gehen.

sw. V. 1 — sw. V. der ahd. 1. Classe.

sw. V. 2 — „ „ „ „ 2. 3. Classe.

Tobler — Appenzellischer Sprachschatz von Titus Tobler. Zürich 1837.

Ulr. Harder, Eilf Briefe von Hauptmann Ulrich Harder von 1524. 25, hg. von
Maurer-Constant in Einem Band mit Stockar (s. d.)

Unoth, Der Unoth, Zs. für Gesch. und Altert. des Standes Schaffhausen, hg. v.
J. Meyer. Schaffh. 1864.

W. — Die Kerenzer Ma. des Kt. Glarus v. J. Winteler. Leipzig u. Heidelb. 1876.

Weig. — Deutsches Wörterb. von K. Weigand, 1. und 2. Aufl.

Uebersicht der Lautzeichen.

Vocale.

ü
ů
ŏ
ŏ

u ů o ŏ a è e ì i

Gravis (und Acut) bezeichnen offene (und geschlossene) Vocale. Alle un-
bezeichneten Vocale sind geschlossene. Jeder Vocal der Tabelle hat eine Länge
neben sich, die durch einen Strich unter der Linie bezeichnet ist.

Echte Diphthonge: Unechte Diphthonge (vgl. § 1):

ou (uò) = mhd. ou   uç (ùç) = mhd. uo
ŏů (ůů) = mhd. ŏü   ůç (ůç) = mhd. üe
ei (ei) = mhd. ei   ie (ìç) = mhd. ie

ou (ọù) = ahd. ao, âw
ŏü (ọů) dessen Umlaut.

Hülfszeichen.

ę tonloses e, reduciert aus è.

į reduciertes i z. B. in mèjję, k-ruęjję, blůęjję, vgl. § 2, 1.

Anmerkung. Die offenen i, u, ü haben keine dumpfere Klangfarbe als im
Gemeindeutschen, keineswegs eine so dumpfe wie in den meisten übrigen
Schweizerdialekten.

Consonanten.

b   Lenis des harten Verschlußlauts.
p   Fortis und Geminata desselben.
ph aspirierte Verschlußlenis (nicht echt mundartlich).
m nasale Lenis. ṃ m sonans.
mm Fortis und Geminata zu m.

f   Lenis der harten Fricativa.
ff Fortis und Geminata der harten Fricativa.
pf Affricata derselben.
w rein tönender Consonant, reducierte tönende Fricativa (vgl. Sievers Lautph. § 17, 1, a, Anm.)

d   Lenis des harten Verschlußlauts.
t   Fortis und Geminata desselben.
th aspirierte Verschlußlenis (nicht echt mundartlich).
s   Lenis der harten Fricativa.
ss Fortis und Geminata derselben.
ts Affricata derselben.
š   Lenis der gequetschten harten Fricativa.
šš Fortis und Geminata derselben.
tš Affricata derselben.
n   nasale Lenis.
nn Fortis und Geminata zu n.
l   dorsal-laterale tönende Lenis. ḷ = l sonans.
ll Fortis und Geminata zu l.

r   Lenis des Zitterlauts.
rr Geminata desselben (nur in Zusammensetzungen).

j   rein tönender Consonant, reducierte tönende Fricativa.

g   Lenis des harten Verschlußlauts.
k   Fortis und Geminata desselben.
χ   Lenis der harten Fricativa.
χχ Fortis und Geminata derselben.
kχ Affricata derselben.
ṅ   nasale Lenis.
ṅṅ Fortis und Geminata zu ṅ.

h   harte Kehlkopfspirans.

A. Einleitung.

1. Begrenzung der Mundart.

Die Stadtmundarten gelten im Allgemeinen, weil der Zerrüttung durch das Verkehrsleben in höherem Maße ausgesetzt, als ungeeignete Objecte für sprachliche Beobachtung. Es nehmen aber in dieser Beziehung die Stadtmundarten in der Schweiz, wo auch der Gebildetste sich des Dialektes nicht schämt, sondern ihn mit Bewußtsein spricht, eine wesentlich andere Stellung ein als die Stadtmundarten anderer Gegenden, in denen bewußt oder unbewußt eine stärkere Angleichung an die herrschende hochdeutsche Schrift- und Verkehrsſprache stattfindet. Freilich ist nicht zu leugnen, daß auch dort diejenigen, die mit andern Idiomen und Dialekten und mit der Schriftsprache in nähere Berührung kommen, unwillkürlich manche Eigentümlichkeiten abstreifen. Gleichwol spricht ein Gelehrter z. B. in der Stadt Schaffhausen einen reinern Dialekt als die junge Generation der an der Verkehrsſtraße liegenden badischen Grenzdörfer, wo die fränkische (pfälzische) Sprache der Beamten des Unterlandes immer mehr das alte Alemannische zurückzudrängen sucht. Und vollends die untern Schichten der Stadtbevölkerung zeigen ziemlich wenig Beeinflussung durch das Verkehrsleben; bei ältern Leuten läßt sich stets noch das Bild einer ausgeprägten Mundart gewinnen. Was aber vollends zu der Darstellung gerade dieser Stadtmundart berechtigt, ist, daß sie Eigentümlichkeiten aufweist, die ganz allein ihr angehören.

Schaffhausen liegt innerhalb des im engern Sinne alemannischen Sprachgebietes nahe der Grenze des schwäbischen, doch ohne Beeinflussung durch diesen Dialekt. Damit stimmt die Angabe Weinbolds, der AGr. S. 8 die Grenze von Alemannisch und Schwäbisch zwischen Villingen und Neustadt hindurch ziemlich nahe unterbalb Schaffhausen zum Bodensee streichen läßt. Genauer, nach J. Meyers deutschem Sprachbuch S. 4,

1

läuft sie dem Schwarzwald entlang bei Villingen hindurch an die Schweizergrenze bei Stühlingen, von dort nach Engen und Stockach.

Die Linien enger gezogen, gehört die Schaffhauser Mundart (S) zu den nordostalemannischen Mundarten, die J. Meyer schweiz. Schulz. 2, 142ᵃ erklärt als die Gruppe von deutschen Dialekten im Klettgau, Hegau, im Thurgau, im Bregenzer Wald und Vorarlberg, in St. Gallen, Appenzell und Graubünden: Dialekte, die sich nach Westen hin scharf gegen die Mundarten der Zürcher und Glarner abgrenzen.

Bei der Stadt Schaffhausen treffen der Klettgau und der Hegau zusammen. Sprachlich wird sie von J. Meyer z. B. schweiz. Schulzeitung 2, 142ᵃ als eine Station des Hegaus aufgeführt. Meiner Ansicht nach hat die Stadtmundart mehr Verwandtschaft mit der klettgauischen als mit der hegauischen, während freilich frühere Schreibungen des mhd. â, gemeinalemannisch ô, als au, z. B. *getavn*, *maesse*, *strauss*, mhd. *getân*, *mâse*, *strâse* (vgl. § 12) den ursprünglichen Zusammenhang mit dem Hegau bezeugen. Zwar ist dieses au = ô jetzt auch nicht mehr Charakteristicum des ganzen Hegaus; auf schweiz. Gebiete haben es nur die Katholiken in Ramsen gewahrt (vgl. wieder § 12). Der Hegau hat aber eine Reihe anderer Eigenheiten, mit denen S nicht stimmt (vgl. Einl. 2). An den hervorstechendsten Zügen sei die Stellung von S gegenüber dem Hegau einerseits und dem Klettgau andererseits klar gelegt.

Schaffhausen und dem Klettgau (dh. dem Talklettgau, gegenüber dem rheinischen in der südlichen Enclave des Kantons Schaffhausen bei Rüdlingen und Buchberg) ist gemeinsam die § 15 besprochene Contraction des mhd. *ei* (rhein. Klettgau *ai*) in *a*. Im Klettgau ist davon der Umlaut *è*, S hat diesen nie recht ausgebildet und behilft sich mit *a* oder *ei*. Im Hegau hat sich *a* = mhd. *ei* zu *ọ* gesenkt; Umlaut ist *ọ̈*; z. B. Klettgau latẹrẹ, lẹ̀tẹrli, Leiter, Leiterchen; Schaffhausen latẹrẹ, latẹrli oder leiterli; Hegau lọ̀tẹrẹ, lọ̈tẹrli.

Dem Hegau und Klettgau ist gemein, daß sie nicht wie S die durch Zusammenziehung entstandene alemannische Lautverbindung *ên*, *ôn* als *i̇*, *ụ́*, sondern als *è*, *ọ* haben, z. B. Hegau und Klettgau nè̩, k-nọ̀, nehmen, genommen, S ni̇, k-nụ́.

Im Uebrigen kann S ziemlich als Repräsentant des Klettgaus gelten, abgesehen von besondern Eigenheiten in Lokaldialekten, wie dem hallauischen. Gegen den Hegau hebt sich S noch durch verschiedene Punkte ab, weßhalb ich die beiden Idiome einander speciell gegenüberstelle. Als Beobachtungsposten nehme ich das Dorf Buch (B), gelegen in der schaffhauserischen Enclave, die das Städtchen Stein a. Rh. mit einigen Dörfern des Kantons bildet. Da ich in Buch aufgewachsen bin und dessen Mundart eben so gut kenne als die von Schaffhausen, das ich nur

5 Jahre bewohnte, so gebe ich im Folgenden die Formen des oft in manchen Punkten altertümlichern B für oder neben S an, in der Weise wie Winteler seiner Mundart K (Kerenzer) die Mundart T (Toggenburg) gegenüberstellt. Die im Nächstfolgenden angegebenen Eigenheiten erstrecken sich in ihrer Gesammtheit nur auf das Gebiet der Stadt selbst. Schon Neuhausen, gegen den rheinischen Klettgau zu gelegen, hat śtọ̀, gọ̀, lọ̀ für S śtụ́, gụ́, lụ́, ebenso ostwärts, z. B. in der badischen Enclave, die durch das Dorf Büsingen am Rhein gebildet wird.

2. Charakteristik der Mundart.

Gesammtheit der Merkmale von S gegenüber andern nordostalemannischen Mundarten.

1) Im Vocalsystem.*

a) Die durch Zusammenziehung entstandene alemannische Lautverbindung ên, ón ist ị, ụ̣.**

b) Mhd. ei, das in Frauenfeld und im rhein. Kettgau noch als ai erscheint, ist in der Regel zu a geworden*** (vgl. § 15).

c) Die Ableitungssilbe -ung erscheint als ịñ̃, z. B. mạnịñ̃, ọ̀rnịñ̃, Meinung, Ordnung.

d) Der breite ä-Laut fehlt und wird durch ẹ̀ mitvertreten (vgl. § 1).

e) Auslautendes n ist ganz geschwunden, und seine Spur bekundet nicht einmal mehr, wie dieß in Teilen des Hegaus (aber nicht B) und im Oberthurgau der Fall ist, die näselnde Ausfprache des voraufgehenden Vocals.

f) o ist vor Nasalen stets, vor r meist offen, z. B. bọ̀mm, χrọ̀nẹ̀, bọ̀rẹ̀, tọ̀r, Baum, Krone, bohren, Tor (vgl. § 10, § 13).

g) Deminutiven auf mhd -ilin entsprechen in der Ma. solche auf ịlị, nicht -ẹlị, z. B. fọ̀gịlị, bụ̀sịlị, Vögelein, Kätzchen (vgl. § 24, 1 b).

h) Das e in der Vorsilbe be- und ge- ist, wenn diese nicht echt mundartlich zu p-, k- gekürzt sind, e, nicht i, z. B. be-dụ̣tẹ̀, ge-dañkχẹ̀, Bedeutung, Gedanke.

---

* Die Nummern sind nach der Bedeutung der Erscheinungen geordnet.
** Daher der Reim, womit der Schaffhauser sich selbst verspottet: śtụ und gụ und blịbẹ̀ lụ, das mhd. lauten müßte: stân und gân und bliben lân.
*** Daher die gereimte Redensart: flạśś und bạ und fạsses drạ, Fleisch und Bein und Feistes dran.

2) Im Consonantensystem.

a) Fortes erscheinen inlautend zwischen Vocalen stets als Geminaten, was mit dem schleppenden Charakter der Ma. zusammenhängt (vgl. § 3).

b) Abfall eines auslautenden *s* = mhd. *s* bewirkt Dehnung: wa̱, da̱, was, das (vgl. § 21, Anm).

3) In der Flexion.

Der Dat. des Inf. ist erhalten und zwar bei den nicht contrahierten Verben auf -*id* ausgehend, ts fı̄ndı̄d, ts maχχı̄d, mhd. *se findenne, ze machenne*, bei den contrahierten und bindevocallosen auf -*nd*, z. B. ts sı̄nd, ts tü̱e̱nd, mhd. *se sín(n)e, ze· tuonne.*

4) Einzelheiten.

a) Gemeinschweiz. nṵt, nichts, erscheint als nṵnt.

b) Gemeinschweiz. nṵmme̱, nicht mehr, heißt nṵmme̱.

c) *ou* ist zu *o* contrahiert in *o*, auch (vgl. § 15).

Unterscheidende Merkmale von B gegenüber S.

1) In Bezug auf Vocale.

a) Die durch Zusammenziehung entstandenen alemannischen Lautverbindungen *én, ón* sind *ė̱, ȯ̱.*

b) Mhd. *ei*, S *a̱*, ist in B *ḏ*; dessen Umlaut ist in S nicht vorhanden, in B o̱* (vgl. § 15).

c) *o* vor harten Dentalen ist in S *o*, in B *ó* (dasselbe gilt nach J. Meyers brieflicher Mitteilung von Neunkirch im Klettgau), z. B. S bode̱, χrot, hose̱, mošt, χotse̱, B bòde̱, χròt, hòse̱, mòšt, χòtse̱, Boden, Kröte, Hosen, Most, kotzen.

d) B duldet keinen unechten Diphthong vor Nasalen, daher S grüe̱, hue̱, müe̱nd, tüe̱nd, B grȯ̱, hȯ̱, mȯ̱nd, tȯ̱nd. Auch sonst hat die Vereinfachung von Diphthongen weiter um sich gegriffen (vgl. § 23).

e) *i* wird in B öfter als in S durch Einfluß von *n* zu *ė*: hė̱, hin, sė̱nd, sind.

---

* Auch für diese Eigenheit giebt es eine spottende Redensart, wiewol sie zunächst nur für Thayngen (1¹/₂ St. von Buch) gilt: Gı̄me̱r sėb lȯ̱te̱rlì; ùf dėm bȯmm obe̱ hokχt e̱n o̱χχe̱rlì; o̱χχe̱rlì-flȯ̱ṧ iṧd gue̱t flȯ̱ṧ, d. i. gieb mir jenes (selbiges) Leiterchen; auf dem Baume oben hockt ein Eichhörnchen; Eichhörnchenfleisch ist gutes Fleisch.

2) Einzelheiten.

a) S Inf. und Part. t u ẹ, tun, B Inf. und Part. tọ̄ (= getan) [vgl. § 12, 1].

b) ọ, B ou, auch (vgl. § 15).

c) S n ù, B nò, nur; ebenso S tsù, B tsò, zu (vgl. § 11).

e) S χìrχχẹ, B χìlχχẹ, ebenso Klettgau.

Ursprünglich beiden gemeinsam muß gewesen sein die jetzt beiden abhanden gekommene Ausſprache des mhd. â (jetzt ọ̄) als au.

3. Quellen und Methode der Darstellung.

Bei Aufzeichnung der Formen habe ich mich hauptsächlich an meine Beobachtung und mein Sprachgefühl gehalten. Doch konnten mir in mancher Beziehung mehrere Arbeiten von J. Meyer als Vorarbeiten dienen; so zunächst desselben deutsches Sprachbuch für höhere alemannische Volksschulen, Schaffhausen 1866. Dieses Werkchen ist zur Befestigung der Schüler in der Schriftsprache bestimmt und setzt in Paradigmen und Lesestücken der Schriftsprache die Mundart entgegen. Die spezielle Form der letzteren nun, von welcher der Verfasser ausgeht und über die er manche feine Beobachtung giebt, ist im Ganzen die der Stadt Schaffhausen. Da aber der Verfasser einen weitern Wirkungskreis im Auge hat, hat er sich nicht immer streng an diese Formen gehalten. So ist die Vereinfachung von ei in a, wo sie in der Mundart vorhanden ist, ungleich durchgeführt, z. B. S. 49, 3 v. u. eis = eins, S. 50, 3 und 4 v. o. kan, ka, kein, keine. Auch sonst konnte auf die feineren Unterschiede der Vocalqualität, auf die es mir oft gerade ſo sehr ankommt, z. B. bei den o-Lauten, keine so genaue Rücksicht genommen werden. Dies hängt teilweise mit der Orthographie zusammen, die dem populären Zwecke des Büchleins gemäß nur die gewöhnlichen alphabetischen Zeichen verwendet.

Mit weit größerer Sorgfalt haben die mundartlichen Formen gewahrt und bezeichnet mehrere Aufsätze Meyers in seiner schweiz. Schulzeitung, 2. Jahrgang 1872. Es erschienen in Nr. 18 und 19 «Das gedehnte a in nordostalemannischen Mundarten», Nr. 44—47 «Das gedehnte a = ai in nordostalemannischen Mundarten»; sodann nach dem Eingehen der Schulzeitung noch ein weiterer Aufsatz in Frommanns Mundarten 7, 177— 190, « Das gedehnte e in nordostalemannischen Mundarten» (wobei übrigens auch das lange mit inbegriffen ist). Ein weiterer Aufsatz Meyers, über gedehntes o, ist leider nicht erschienen. Seine Beobachtungen, die Schaffhausen mitumfassen, frischten manche mir nicht mehr gegenwärtige Form wieder auf; dazu kommt, daß Meyer über einen größern Wortschatz als ich gebietet.

Obwol nicht direkt mit meiner Mundart in Berührung stehend, hat mich am meisten angeregt und gefördert J. Winteler, sowol durch mündlichen und brieflichen Verkehr als durch seine Schrift über die Kerenzer Mundart des Kt. Glarus. Da dieses Buch in Bezug auf lautliche Erfassung der Schweizermundarten oft der einzige Führer ist, so habe ich es sehr häufig citieren müssen und aus diesem Grunde die Abkürzungen W = Winteler, KM = das Buch über die Kerenzer Mundart, K = Kerenzer Mundart durchgeführt.

Obgleich mir Winteler als Muster vorschwebte, ist die Einrichtung meiner Arbeit eine grundverschiedene. Das Lautphysiologische konnte nunmehr einleitungsweise abgetan werden; in dem Hauptteil, dem etymologischen, wurde ein besonderes Verfahren beobachtet. Anstatt den Lautstand der gegenwärtigen Mundart an die Spitze zu stellen und an Hand dieses die Gesetze zu entwickeln, habe ich nach dem Rate der Herren Professoren Zarncke und Sievers den umgekehrten Weg eingeschlagen und beim Vocalismus den mhd., beim Consonantismus den Lautstand, wie er sich aus den verschiedenen germanischen Dialekten für das Urgermanische erschließen läßt, zu Grunde gelegt. Als Beispiel diene folgendes: Anstatt zu sagen: «$\chi\chi$ repräsentiert dreierlei germanische Consonanten: 1. got. k, 2. goth. h, 3. got. hh», heißt es bei mir:

«Germanisch k erscheint in der Mundart als $\chi\chi$, $k\chi$ etc.

„ h „ „ „ „ „ $\chi\chi$ oder ist geschwunden.

„ hh „ . „ „ „ „ $\chi\chi$».

Diese Methode ist jedenfalls für den der Mundart fremd Gegenüberstehenden übersichtlicher.

Belege für die Lautgesetze sind, wo es irgend geboten schien, in Vollständigkeit aufgeführt, doch wol verstanden nur die charakteristischen Bildungen, nicht alle Weiterbildungen eines Wortes.

Die Sammlung und Verarbeitung des reichen Belegmaterials, sowie der Raum, den dieses in Anspruch nimmt, hat mich davon abgehalten, der Lautlehre die Flexionslehre anzureihen. Doch ist alles, was von der letztern für die erste wesentlich ist, eingeflochten.

In Bezug auf Berücksichtigung der übrigen Dialektwerke, namentlich von Stalders schweiz. Idiotikon und dessen Dialektologie, T. Toblers Appenzeller Sprachschatz, Hunzikers Aargauer Wörterbuch, Seilers Basler Mundart, bemerke ich, daß ich oft auf die dort verzeichnete Bedeutung eines Wortes hinwies, um mir eine Raum verschwendende Erklärung zu ersparen. Oft wurden auch die Formen anderer Mundarten angegeben, um zu zeigen, daß S nicht allein dastehe (dabei hatte gewöhnlich Stalder den Vorrang); wo aber dieß nicht geschah, folgere man nicht durchaus, daß ein Wort nur S angehöre.

Wenn ich bei der Masse von Zeichensystemen mir in der Wiedergabe fremder Orthographien hie und da Freiheiten erlaubt habe, möge man es mir zu gute halten.

Leider ist von dem neuen schweiz. Idiotikon, woran seit 1862 gearbeitet wird und das durch etymologische Nachweise meine Arbeit bedeutend erleichtert hätte, noch nichts erschienen als die Proben von 1874. Ich war daher gezwungen, sehr oft hinzuweisen auf einige Arbeiten Staubs, des Redaktors des Idiotikons, nämlich: « Das Brot im Spiegel schweizerdeutscher Volksfprache und Sitte. Leipzig, 1868 » und « Ein schweizerisch-alemannisches Lautgesetz», F. M. 7, 18, 191. 333.

Schließlich noch ein Wort über ältere mundartliche Quellen. Von herausgegebenem Material war mir zur Hand: Der Schaffhauser Richtebrief. Die ältesten Satzungen der Stadt aus dem Jahre 1291, herausgegeben von J. Meyer. Schaffhausen 1857; das Stadtbuch von Schaffhausen (von 1385 — 1392 reichend), herausgegeben von J. Meyer in Birl. Alem. Bd. V und VI (Stadtbuch V, 277, 17 z. B. bezeichnet Band, Seite und Zeile in Birl. Al.); Urkunden zur Geschichte des Sondersiechenhauses auf der Steig in Schaffhausen (von 1308—1621), herausgegeben in den Beitr. des hist.-antiq. Vereins von Schaffhausen, 3. Heft, S. 19 bis 62; ferner von Maurer-Constant 1839 in Einem Bande herausgegeben: 1. Hans Stockars von Schaffhausen bilgeri* des halgen Grabs Haimfartt von Jerusalem im jar nach Krystus Geburt 1519; 2. Hans Stockars Tagebuch unter dem Titel: «Das hain jch Hans Stockar gesechen und gehiertt in den Jaren nach Krystus Geburtt 1520—1529 wie es hie ernach geschryben statt»; 3. Eilf Briefe von Hauptmann Ulrich Harder (Befehlshaber schaffhauserischer Söldner im Dienste Franz I. vor Pavia) von 1524 und 25.

Von diesen Denkmälern bietet das älteste am wenigsten Eigenheiten, am meisten Hans Stockar, aber in einer so zügellosen Orthographie, daß Ein gewonnenes Gesetz dem andern ins Gesicht zu schlagen scheint; mhd. ei tritt z. B. in 4 Schreibungen auf: ei, ai, ia, a.

Die Darstellung der ältern Dialektstufen neben der der modernen konnte mir nur Nebenzweck sein. Abgesehen davon, daß zu einer selbständigen Darstellung desselben ein viel größeres, auch handschriftliches Material hätte durchgearbeitet sein müssen: die bestimmte Färbung des Lokaldialekts hätte sich aus den so differierenden Schreibungen nicht gewinnen lassen. Für die feinen Nüancen, um die es mir bei meiner Darstellung zu tun war, habe ich aus ältern Quellen sehr wenig erbeutet.

---

* Mit mundartlich ausgefallenem Nasal für *bilgerim* oder *bilgerin*. Schon 1440 *bilgeri*, 14. Jahrh. *bilgri*.

So ist gerade die hauptsächlichste Eigenheit von S (s. S. 3, Ziffer a)
nirgends zu finden — (freilich mag sie auch noch nicht eingetreten gewesen sein). Wol aber dienten mir schriftliche Quellen als Brücke
zwischen den Lautformen der abd. und mhd. Periode und der gegenwärtigen Gestalt der Mundart, indem sie Lautübergänge erklären, die
sich direkt aus den ältern Sprachstufen nicht erweisen lassen. Auch
ließen wol ältere Dialektformen ein Gesetz noch deutlich erkennen, das
seither durch Bildung von Ausnahmsformen getrübt worden ist. Ich ge-
stehe übrigens, daß ich aus Rücksicht für den Raum mit der Beiziehung
älterer Formen sparsamer war, als vielleicht von Vorteil gewesen sein
dürfte.

B. Zur Erklärung der Lautzeichen,*
zugleich Orientierendes über das Physiologische der Mundart.

Vorbemerkungen.

Nicht aus Vermengung des graphischen und des phonetischen Stand-
punktes behandle ich Zeichen und Laute zusammen, sondern weil ich
glaube, an der Hand des Alphabets am besten die Gründe entwickeln
zu können, die mich zu dieser oder jener Schreibung bewogen.

Mein Alphabet fußt hauptsächlich auf den Principien Wintelers,
dessen Buch leider eine allgemeine Tabelle vermissen läßt. Wintelers
Verfahren stimmt im Wesentlichen überein mit dem, was Kräuter in
seinem Aufsatze « Ueber mundartliche Orthographie » (F. M. 7, 305 ff,
namentlich S. 306) aufgestellt hat. So sind denn meine leitenden Grund-
sätze folgende:

1) Jeder Lautunterschied wird wiedergegeben, aber kein Laut durch
mehr als ein Zeichen bezeichnet. Auf die Geschichte des Lauts
wird, wo immer möglich, keine Rücksicht genommen.

2) Einfache Laute werden stets einfach geschrieben, zusammengesetzte
in ihre Bestandteile aufgelöst.

* s. Uebersicht der Lautzeichen.

3) Qualitätszeichen habe ich wie Winteler über, Quantitätszeichen unter den Buchstaben gesetzt, nicht wie bei Lepsius umgekehrt.

Hinsichtlich des Lautlichen gehe ich aus von den Gesichtspunkten, die Winteler für das schweizerische Lautsystem überhaupt gefunden und in die 5 Sätze S. 19 und 20 zusammengedrängt hat.

Cap. I. Zu den Vocalen.

§ 1. Das Vocalsystem der gegenwärtigen Mundart.

Die Form meiner Vocaltabelle richtet sich nach dem Winteler-Sievers'schen Schema, in welchem die Vocalreihen *u—a—i* nicht in Gestalt eines gleichschenkligen Dreiecks erscheinen, sondern auf einer geraden Linie aufgetragen sind; auf einer senkrecht zu der Geraden errichteten Linie liegen dann die Vermittlungsvocale, d. h. die Vocale mit der Lippenarticulation des *u*, *o* und der Zungenarticulation des *i*, *e*. Winteler und Sievers setzen auf ihrem Schema nicht *a* in die neutrale Mitte an (denn in der Indifferenzlage kommt überhaupt kein *a* zu Stande), sondern sie gehen aus von einer *u*- und einer *i*-Basis. Mein *a* nun würde mit dem Vocal der *u*-Basis ungefähr übereinstimmen. Dagegen fehlt — und das ist für die Mundart charakteristisch — der Vocal der *i*-Basis, das *a*-ähnliche *ä*, das Winteler-Sievers mit *æ* bezeichnen.*

Da nun nach Winteler S. 106 Schwebungsunterschiede dadurch entstehen, daß die Abstände der einzelnen Abstufungen in verschiedenen Sprachformen etwas verschieden resp. innerhalb der einzelnen Sprachform etwas ungleichmäßig sind, so wird in S wol auf dem rechten Schenkel, also in der *i*-Linie, eine Verschiebung stattgefunden haben; denn nach Sievers S. 42 muß der Abstand der Vocale unter einander ein gleichmäßiger sein. Wahrscheinlich wird mein *è* wie das von Frauenfeld (vgl. Winteler 92) zwischen Wintelers *a* und *é* klingen. Analog klingt das *a* von K nach *ö* hin, weil der Mundart *ö* fehlt.

So hätten wir denn, statt wie auf dem Winteler-Sievers'schen Schema gerade die doppelte Zahl der Vocale des römischen Alphabets, die doppelte Zahl minus 1, statt 14 nur 13. Alle diese Klangfarben kommen in S als Kürze und Länge vor, also ein Reichtum der Schwebungen, der fast dem der Toggenburger Mundart (vgl. Winteler's Tabelle auf S. 123) gleichkommt.

Dermaßen zerlegt sich mir außer dem *a* jeder Vocal in zwei Klang-

---

* Darauf geht nebenbei das unter *l* angeführte Wortspiel mit n ə b] und zürcherisch n a b] (d. i. n æ b]) = Nebel, vgl. § 4, 1.

farben, die ich als offen oder geschlossen bezeichnen will. Offener Vocal
wurde durch Gravis, geschlossener, wo es besonders darauf ankam, durch
Acut hervorgehoben. s. o.

Diphthonge. Zunächst ein Wort über die Scheidung in echte und
unechte Diphthonge. Diese Bezeichnung ist beibehalten, um kurz diejenigen Diphthonge, deren zweiter Component dem Ende der Vocallinie
u—a—i näher liegt als der erste (vgl. Sievers S. 87) von denen zu
unterscheiden, wo das umgekehrte Verhältniß stattfindet. An sich aber
liegt der Bezeichnung ein Irrtum zu Grunde, denn keineswegs werden,
wie Rumpelt, Syst. d. Sprachl. 48, behauptet, die «unechten» Diphthonge
von Angehörigen der Mundart zweisilbig gesprochen.

Für den Vocalismus von S ist gleich zu bemerken, daß zwar die
unechten Diphthonge auf den unbestimmten Vocal (§ 2, 1) ausgehen,
nicht aber wie in K auch die echten damit anheben. Diese sind vielmehr in S zusammengesetzt aus den je einander zunächst liegenden
offenen Vocalen: ei, ou, oü. Wo es besonders darauf ankam, habe
ich auch geradezu èì, òù, ôû geschrieben. Außer diesen dreien giebt
es noch Diphthonge mit langen Vocalen als ersten Componenten: o̱ù,
e̱i (beim letztern ist der zweite Bestandteil reduciert, vgl. § 2, 1).
Ein scheinbarer Diphthong kann auch entstehen dadurch, daß
zwischen i und ü und dem Endungs-e̱ ein h ausgefallen ist; dieß ist der
Fall in sie̱st, sie̱t, k-śie̱t, siehst, sieht, geschieht, und in flüe̱, tsüe̱,
flieh, zieh.

§ 2. Einzelnes zu den Vocalen.

1. Reduction von Vocalen.

Nach dem Lepsius'schen Verfahren deute ich die Reduction mit einem
Kreis unter der Linie an. Winteler hat dieses Hilfszeichen nur für tonloses *e* verwendet und zwar auch nur in Endungen mit consonantischem
Ausgang. Zudem hat nach KM 116 sein e̦ eine andere Klangfarbe als
mein e̦, nämlich die seines *æ*. Da letzterer Laut in S nicht vorkommt,
so bezeichnet mein e̦ wirklich die Reduction von *e*, d. i. *è*, dessen Klangfarbe der unbestimmte Vocal ungefähr hat. Ich verwende den Kreis
unter der Linie außerdem auch bei reduciertem *i*: i̦. Dieser Laut hat sich
eingeschlichen vor dem nach mhd. *æ* und *üe* erhaltenen *j* der schwachen
Verba, selten auch vor *j* = ursprünglichem *w* nach *uo* und *üe*; z. B.
mȩjje̦ (Part. mit Wegfall des *j* k-mȩjt), blüe̦jje̦ (aber Part. plüȩt),
k-ruȩje̦, χüȩjje̦*, mähen (gemäht), blühen (geblüht), ruhen, Kühen.

---

*Sollte man in diesem uȩj, üȩj, nicht wirkliche Triphthonge zu erblicken
haben?

Winteler verwendet dafür Vocal über der Linie, den er in diesem Falle auch für *ę* anwandte, z. B. blü''je. Ich fand hier notwendig, Gleichheit durchzuführen, damit man nicht glaube, das tonlose *e* im Diphthong sei ein anderes als das in der Endung.

2. Absorption von Vocalen.

Sievers warnt Lautph. 124, Anm. 6, davor, diesen Begriff, wie Winteler 117 tut, auf alle Fälle der Ausstoßung von Vocalen auszudehnen. Ich beschränke mich auf diejenigen Fälle, wo an Stelle des Vocals ein benachbarter Consonant als Sonant erscheint. Nhd. wird *ę* vor Liquiden und Nasalen stets absorbiert (vgl. Sievers 26 ff). In der Mundart kommt *n* nicht in Betracht, da es in der Endung stets abfällt. Wol aber erhält sich *m* im Dat. von Pronominibus und pronominalen Adj., und hier wird denn auch *ę* absorbiert: allm̥, jedm̥, mèn͂gm̥, film̥, dìsm̥, sèlbm̥, allem, jedem, manchem, vielem, diesem (= jenem), selbigem. Bei den Liquiden findet der Vorgang nur für *l* Anwendung, nicht aber für *r*, was mit dessen mehr consonantischer Natur zusammenhängt.

Ich versehe nach dem Vorgange von Lepsius die auf dem angedeuteten Wege entstandene Sonans mit demselben Zeichen, womit auch die Reduction angedeutet wird. So haben wir *l̥* gegenüber *l*, *m̥* gegenüber *m*, während Winteler diesen Unterschied graphisch nicht zur Anschauung gebracht hat.

Daß wirklich *ę* vor *l* (*m* kann hier nicht in Vergleich gezogen werden) absorbiert wird und *r* nicht, kann man dann sehen, wenn noch eine Silbe mit vocalischem Anlaut folgt; *l* wird dann *l* consonans, und von dem vorausgehenden tonlosen *e* ist nichts mehr zu hören; wol aber ist dieß der Fall in der Stellung vor *r*. So stehen sich gegenüber: sudļ, brouillon, sudlę, sudeln (aber allerdings òrgęlę, mhd. *orgele*), so auch bei *ę*, das durch Accentlosigkeit aus einem vollen Vocal hervorgegangen ist, brįmļ, mhd. *bri-mel*, aber fatęr, Vater, Pl. fètęrę. In Basel kann beiläufig *ę* vor *l* nicht absorbirt sein; denn es heißt dort: khù̩gęlę, S χùglę, Kugel, rù̩gęlę; S rùglę, rollen.

Eine Ausnahme erleidet die Absorption von *l*, wenn die Deminutivsilbe -*li* folgt; es erscheint dann vor dieser *i*, z. B. föglli, Vögelein, neben fogļ, Vogel, èn͂n͂ili, Engelein neben èn͂n͂ļ.

3. Irrationaler Vocal.

Zwischen Liquida und Nasal kann irrationaler Vocal nicht vorhanden gewesen sein, als der Abfall des Endungs-*n* zur Regel wurde; sonst würde sich nicht *n* erhalten haben in Wörtern wie χèrn, wùrm,

Kern, Wurm, gegenüber K χèrǫ, wùrǫ (vgl. Winteler 78 und 118).
In S ist der Hauptsache nach irrationaler Vocal nur zwischen harten
Consonanten und Liquiden erhalten, z. B. ɑkχǫr, ahd. *acchar*, got. *ahrs*.
Es begegnet außerdem nur:
a) ein Fall von irrationalem Vocal zwischen Liquida und hartem Consonanten: mīlǫχχ, Milch, ahd. *miluh*, mhd. *milich*, neben *milch.**
b) zwischen dem Diphthong *ei* und der Liquida *l* in beiǫl, Beil,
ahd. *bîal*, mhd. *bîl, bîhel.*
Irrationaler Vocal ist hier wol, auch schon im Ahd., eingetreten aus
demselben Grunde, weßhalb nach der nhd. Diphthongisierung vor *r* derselbe eintritt, z. B. Leier, S lįrǫ, Mauer, S mu͜rǫ, Feuer, S fü͟r: es
scheint, man konnte auch die Verbindung *eil* nicht einsilbig aussprechen.
Analog dem Mhd. ist irrationaler Vocal eingetreten, wo mhd. *î* vor
r diphthongisiert wird, nämlich in geiǫr (in der innern Schweiz gį͟r,
daher der Bergname Gįre-špits, Gierenspitz).

Cap. II. Zu den Consonanten.

§ 3. Lenis, Fortis, Geminata.

Diese drei Stufen wären streng genommen in meiner Mundart zu
unterscheiden. Der Einfachheit halber habe ich nur Lenis und Fortis
bezeichnet, und zwͤar wurde bei den Dauerlauten (d. i. den Spiranten
einerseits, den Liquiden und Nasalen andrerseits), die Fortis durch Verdoppelung des Zeichens hervorgehoben. Mit Winteler teile ich die Incon-
sequenz, daß ich bei den Verschlußlauten nicht dasselbe Mittel zur Unter-
scheidung von Lenis und Fortis angewandt, sondern aus dem gewöhnlichen Alphabet die gewöhnlichen Zeichen für Media und Tenuis herübergenommen habe. Ich konnte mich nicht entschließen, mit Kräuter, z. B. in
seinen Untersuchungen zur Elsässer Grammatik, Birl. Al.V, 186 ff., für meine
Lenes *p, t, k* zu setzen, da er einen nach meiner Ansicht falschen Begriff damit verknüpft, nämlich Identificierung von südd. Lenis und Fortis.
Es ist nötig, die Ausdrücke Fortis und Geminata scharf zu begrenzen.
Die Fortis unterscheidet sich von der Lenis hauptsächlich
durch größere Energie der Exspiration und Articulation und
höchstens einen dadurch bedingten Unterschied in der Dauer.
Wenn Kräuter F. M. 7, 494 den Abschnitt über Lenis und Fortis bei

---

* Auch obers. mīlįχχ (palatale Spirans, daher i).

Winteler als verfehlt bezeichnet, so rührt das daher, daß er dem Momente der Verstärkung gegenüber dem der Dauer ein zu geringes Gewicht beilegt. Das hat ihn denn auch zu der Meinung gebracht, als wolle Winteler mit seinen Fortes Kräuters Längen bezeichnen, die dieser dem Schweizerischen zuschreibt (Paul und Braune 2, 564 und Birl. Al. 5, 186). Dieß ist direkt falsch; Hrn. Prof. Sievers fiel es gerade an meiner Ausfprache im Gegensatze zu der von Winteler auf, daß ich diese Längen (meine Geminaten) an Stelle von Winteler's einfachen Fortes spreche.

Bezeichne ich einmal zur Veranschaulichung die Wintelerschen Fortes mit einem Quantitätsftrich unter der Linie, die Geminaten durch Doppelschreibung und einen Trennungshaken zwischen den beiden Consouanten, so lauten z. B. die von Sievers S. 98 aufgeführten Wörter: Amme, alle, Wasser, hoffe, Hecke, Knüppel mit Uebertragung meiner Eigentümlichkeit auf sie nicht amǫ, alǫ, waǫer etc., sondern am'mǫ, al'lǫ, was'sǫr etc.

Das Wesentliche der Gemination ist eben, daß bei den Verschlußlauten Verschluß und Explosion durch eine längere Pause getrennt werden, bei den Dauerlauten der erste Teil der Geminata mit dem Exspirationsstosse des ersten, der zweite mit dem der zweiten Silbe hervorgebracht wird; für beide Classen von Consonanten ist es aber von höchster Wichtigkeit, daß der Anfang des geminirten Consonanten deutlich als zur vorausgehenden, das Ende deutlich als zur folgenden Silbe gehörend empfunden werde. Dies ist aber unmöglich im Auslaut und vor Consonanten und dadurch bestimmt sich denn auch der Umfang, in welchem in meiner Ausfprache Gemination eintreten kann. Es ergiebt sich einfach aus den folgenden zwei Sätzen:

1. Für Fortis zwischen Vocalen tritt stets Geminata ein, bei Verschlußlauten und Spiranten selbst nach langem Vocal.

2. Fortis in anderer Stellung kann unmöglich als Geminata gesprochen werden.

Hiernach ist es wol überflüssig, dieses Verhältniß auch noch graphisch zu bezeichnen, was auf verschiedene praktische Schwierigkeiten stoßen würde. Man spreche die Fortes stets möglichst kräftig; um aber eine klare Anschauung von meiner Geminata zu erlangen, vergegenwärtige man sich eine Rumpelt'sche Länge zweiten Grades (vgl. Syst. d. Sprachl. 110 und 111), wie sie bei langsamer deutlicher Ausfprache in Zusammensetzungen gesprochen werden, z. B.:

slffǫ, šlǫ̀ffǫ, schiffen, schlafen, wie Schiffahrt.
èsǫǫ, fůǫssǫ, essen, Füssen, wie Moossfitz.
fetǫr, guǫtǫ, Vetter, guter, wie Betttuch, Not tun.
brènnǫ, gûnnǫ, brennen, gewinnen, wie annehmen, hinneigen.
Noch erübrigt zu erklären, weßhalb ich für Liquiden und Nasale
mich derselben Terminologie, Lenis, Fortis, Geminata, bediene wie für
Verschlußlaute und Spiranten. Es mußte dies geschehen, wollte ich die
auch bei ihnen vorhandenen drei Abstufungen auseinanderhalten. Die
Parallele darf um so eher gewagt werden, als wir es bei Verschlußlauten
und Spiranten nicht mit tönenden Lenes zu tun haben, mithin von Lenes
schlechtweg reden können, ohne zwischen dem Stimmton bei Liquiden
und Nasalen, dem Hauptmomente derselben, und dem bei Verschlußlauten
und Spiranten, einem accidentellen Momente, Verwirrung anzurichten.
Auch Sievers wendet den Ausdruck Fortis für Liquiden und Nasale an,
wenn er als Beispiele für die Verkürzung der Geminaten zur Fortis
Amme, alle etc. aufführt.

Wenn ich bei Liquiden und Nasalen auslautend *ll* (*rr* kommt außer
in Zusammensetzungen nicht vor), *mm*, *nn* setze, so lehrt die Natur der
Sache, daß damit einfache Fortes gemeint sind. Hätte Rumpelt auch
für Liquiden und Nasale seine dreifache Gliederung angenommen, so
würde er nicht, Syst. d. Sprachl. 115, so heftig gegen Schreibungen wie
Fall, *kann*, *Kamm*, eifern. Aber ihm gelten eben *ll*, *mm*, *nn*, nur für
wirkliche Geminaten, was sie im Gemeindeutschen, selbst inlautend, nicht
sind. Auch Kräuter erklärt, Birl. Al. 5, 186, mit Recht diese Conss.
in *Falle*, *Sinne* für identisch mit denen in *Fall*, *Sinn*, nur kann ich nicht
zugeben, daß sie so kurz seien wie die in schweiz. spilǫ, nlmǫ, wònǫ,
spielen, nehmen, wohnen.

§ 4. Zu einzelnen Consonanten.

1. Die Liquida *l*.

l hat einen *e*-ähnlichen Charakter, während auf dem linken Rhein-
ufer im Zürichbiet *u*-ähnliches *l* herrscht, etwas verschieden von dem
aargauischen und bernischen, mit vollerem Munde gesprochen und nicht
ganz vocalisiert. Wenn Rumpelt, Syst. d. Sprachl. 92, die mouillierten
Laute dadurch charakterisiert, daß sie mit *i* getränkt seien, so möchte
ich das zürcherische *l* mit *u* getränkt bezeichnen. Ich werfe bei diesem
Anlaß die Frage auf, ob man nicht einer Mouillierung durch *i* (in der
Auffassung von Rumpelt und von Hoffory K. Z. 23, 526—530) eine solche
durch *u* entgegensetzen könne? Diese hätte dann ihren Platz neben den
jerierten Lauten (also wörtlich den mit *j* durchdrungenen), wie Rumpelt

S. 9(0 die mouillierten nach der Terminologie der slav. Grammatik auch nennt.

Dieser Unterschied nun von e-ähnlichem und u-ähnlichem *l* wird in der Mundart als charakteristisches Moment betrachtet, wie folgende Redensart beweist. Es frägt Einer den Andern: Wie weit geht der Nebel? Der Andere kann es nicht sagen, worauf er zur Antwort bekommt: bis gù Fürtalę, dört lɜ́ɜ kɣann nèbĮ, dört iɜ́ɜ ęs nabu (wortspielend mit Nabel; das *a* ist aber eigentlich *æ*), «bis gen Feuerthalen, dort ist es kein Nebel, dort ist es Nabel» (vgl. Seite 9, Anm.). Wiewol nun das Schaffhausen gerade gegenüberliegende Feuerthalen *l* noch nicht u-ähnlich spricht, so muß es doch, weil zum Kanton Zürich gehörend, diese Unart teilen. In Wahrheit beginnt das für Zürich charakteristische *l* erst in der Gegend von Andelfingen.

Vielleicht ist mein *l* von andern e-ähnlichen etwas verschieden, worauf seine Eigenschaft deutet, vor Dentalen vorausgehendes *a*, *è* zu dehnen.

2. Die Liquida *r*.

Streng genommen ist *r* in der Mundart keine Liquida, sondern, da dem reinen Sonorlaute ein Eigengeräusch beigemischt ist, ein «weicher» Laut im Winteler'schen Sinne (und zwar der einzige, den die Mundart besitzt), d. h. ein Laut, der zugleich mit Stimmton und schallbildender Articulation im Munde hervorgebracht wird. Diese Sonderstellung des *r* tritt namentlich darin hervor, daß es in der Gemination anders behandelt wird als *l*; der Mundart fehlt die Geminata und Fortis *rr*. Daß ich nichts desto weniger *r* und *l* mit dem Gesammtnamen Liquiden umfasse, entspringt aus dem Bedürfniß, eine gemeinsame Bezeichnung für diese beiden Laute zu haben, besonders insofern sie den Nasalen entgegengesetzt sind. So verführt auch Sievers in seiner Consonantentabelle, nicht aber Winteler.

Der normale Zitterlaut ist in S das Zungenspitzen-*r*. Ob die Articulationsstelle genau an den Alveolen liege oder, wie Hoffory K. Z. 23, 532 ff. für das gewöhnliche deutsche *r* nachzuweisen sucht, etwas hinter den Alveolen, ob also nach seiner Terminologie das schaffhauserische *r* ein alveolares oder ein gingivales sei, wage ich nicht zu entscheiden. Nur so viel kann ich sagen, daß es nicht den hellen Klang hat wie norddeutsches Zungenspitzen-*r*.

Individuell ist in S und noch mehr in der Umgebung das uvulare (gutturale) *r* häufig, und dieses ist auch mir eigen. Es giebt ganze Gemeinden, so im Klettgau Hallau, im Hegau Thayngen, welche wegen des gutturalen *r* verspottet werden. Für das «Nichtsprechenkönnen» des *r* wird das besondere Verbum lùrkę oder lùrtɜ́ę, s. St. II, 186 und 187,

angewandt.* Das gutturale r soll, wie mir gesagt wird, auch Nachbar-
gemeinden jener Ortschaften ergreifen, so daß es z. B. in B heute mehr
individuelle «Lurker» giebt als vor zehn Jahren.

§ 5. Consonantenverbindungen.

Die Stellung, welche meine Mundart zu den meist für das ganze
Gebiet des Schweizerdeutschen geltenden Winteler'schen Sandhiregeln ein-
nimmt, wird größtenteils bei der Betrachtung der einzelnen Laute klar
werden. Doch habe ich mancherlei, namentlich Graphisches, hier zu
besprechen.

Hinsichtlich der Bezeichnung der Sandhierscheinungen ging ich, um
den etymologischen Zusammenhang möglichst wenig zu verdunkeln, von
folgenden vier Grundsätzen aus:

1. Sandhierscheinungen werden nur da durch die Schrift hervorgehoben, wo ohne dieselbe Zweifel über die Ausfprache entspringen
könnte, Beispiele s. beim Silbenaccentgesetz.

2. In zusammengesetzten Wörtern werden die Bestandteile aus-
einandergehalten, wenn sie nicht vollständig. zusammengewachsen
sind, z. B.:

fùrt-χṇ, fortkommen, phonetisch fùrkχụ.'
houpt-me, Hauptmann, phonetisch houp-mẹ für houp-p-mẹ
(Vgl. Winteler's potenzierte Fortes S. 28).
χ̀ind-beterì, Wöchnerin, phonetisch χ̀impeterì.

Dagegen eperì, Erdbeere, jùmpfẹrẹ, juñkχẹr, Jungfrau,
Junker, öpẹrt, mhd. ête-wẽr, samⁱtìg, Samstag.

3. In zusammenhängender Rede, also bei der Aufeinanderfolge meh-
rerer Worte, nehme ich auf die Sandhierscheinungen keine Rücksicht; die einzelnen Worte werden also geschrieben, z. B.:

wen t' purẹ, wenn die Bauern, phonetisch wempụrẹ.
flạss und bạ, Fleisch und Bein, „ flạšš umpạ.
lòt me, läßt man, „ lòpmẹ.

Nur wo auch hier zwei Worte, sei es vorübergehend oder dauernd,
zu einem Ganzen zusammengewachsen sind, schreibe ich sie zusammen, z. B.: hampflẹ, mûmpfìlì, eine Hand, ein Mündchen
voll, hèmmẹr, haben wir, für hènd mẹr, lòmmẹr, lassen
wir, fürlònd mẹr, sìmmẹr, sind wir, für sìnd mẹr; dagegen
fìndẹd mẹr, finden wir, phonet. fìndepmẹr, u. dgl.

---

* Eigentlich bezeichnet dies wol ein heiseres Quaken; denn nach mündlichen
Zeugnissen heißt obers. lurk, M., Froschruf, nnd. lork, M., Frosch.

4. Wo das richtige lautliche Verhältniß nicht klar erkannt werden kann, schreibe ich nach der Etymologie. So ist nach Winteler 144 harte Lenis und Fortis nur zwischen tönenden Lauten unterscheidbar. Ich schreibe daher stets *ʃp*, *ʃt*, nie *ʃb*, *ʃd* u. dgl. Je nach der Etymologie setze ich z. B. *s* oder *ss*: lȋst, blȯst, liest, bläst, neben mȋsst, ȿtosst, mißt, stößt. Dagegen schreibe ich, um Mißverständnissen vorzubeugen, nie *bs*, *ds*, *gs*, auch wo etymologisch dieses an seiner Stelle wäre, sondern stets *ps*, *ts*, *ks*, z. B. rȋpsę, Intens. von rȋbę, reiben, ganz wie plùmpsę, plumpen, fęr-hùntsę, verhunzen aus verhundezen.

Im Einzelnen ist zu besprechen:

1. Das Winteler'sche Silbenaccentgesetz.*

Nach demselben erscheint jeder Dauerlaut (Liquida, Nasal, Spirans) in allen einigermaßen nachdrücklichen Silben nach kurzem Vocal stets als Fortis, sobald noch ein demselben Wort angehöriger Consonant darauf folgt.

Bei meiner Bezeichnung findet der erste der von mir vorhin aufgestellten Sätze Anwendung. Ich schreibe also land, χùnt, gùmpę, hèmp, hals, halb, tswȯlf, hùlff etc., Land, kommt, gumpen (d. i. hüpfen), Hemd, Hals, halb, zwölf, Hilfe. Ferner nach Grundsatz 3 schreibe ich: χùm glȋ, komm gleich (Accent auf χùm) statt χùmm glȋ, ebenso wol als χùm glȋ (Accent auf glȋ). Wenn ich schreibe ȿwûmmt, brènnt, sȋññt, schwimmt, brennt, singt, so will das nicht das Silbenaccentgesetz bezeichnen, sondern nur auf die Inff. ȿwûmmę, brènnę, sȋññę, hindeuten. Winteler wendet das Silbenaccentgesetz auch auf die Verschlußlaute an. Um meine Uebereinstimmung damit hervorzuheben und um bei dem nordd. Leser Mißverständnisse zu vermeiden, schreibe ich lèpt, jakt, lebt, Jagd.

2. Die Consonantenverbindung von *ll*, *rr*, *mm*, *nn* in Compositis.

Wenn in der Zusammensetzung Liquida und Liquida oder Nasal und Nasal zu einander treten, so werden sie nicht nur mit Einer Articulation als Geminaten gesprochen, sondern oft vereinfacht sich, wie auch Winteler unter «potenzierte Fortes» S. 28, bemerkt, die Geminata zur bloßen Lenis. Diese Vereinfachung muß darauf beruhen, daß die Zusammensetzung nicht mehr als solche gefühlt wird, daher denn auch in neuern Compositis meist Geminata gesprochen wird.

Bei *l* tritt die Vereinfachung stets ein, auch in herübergenommenen Wörtern, während *r* sich conservativer verhält.

---

* So genannt von Sievers S. 120.

2

— 18 —

a) *l* für *l - l*: brüẹlẹtä, Schmollkopf (von brüẹlẹ, brüllen, schreien und lätä, dicke Unterlippe), heilos, heillos (obwol das Wort, wie *ei* statt *a* zeigt, nicht echt mundartlich ist), sìgelakχ, Siegellack, negìlì, Nägelein, spüẹli, Dem. von Spule, ätäli, Dem von Stall, ätüẹli, Dem. von Stuhl.*

b) *r* für *rr*: fẹrùmpflẹ, runzlicht machen, vgl. nhd. rümpfen; fẹrìssẹ, zerreissen. Dagegen bleibt *rr*: fẹr-rèblẹ, aber K fẹr-èblẹ (W. S. 29), zu St. II, 252, räbeln, fẹr-rèkχẹ, so auch K, verrecken, fẹr-rènkχẹ, aber K fẹr-ènkẹ, verrenken, fẹr-rọ̀tẹ, verraten.

c) *m* für *m-m*: glmẹr für glmmẹr, aus glb mẹr, gieb mir.

d) *n* für *n-n*: brènesslẹ, Brennessel (sogar Fortis + Lenis).

C. Vocalismus.

Cap. I. Einzelne Vocale.

§ 6. Vergleichende Uebersicht des mittelhochdeutschen und des mundartlichen Vocalismus.

Kurze Vocale		Lange Vocale		Diphthonge	
Mhd.	S	Mhd.	S	Mhd.	S
a	a	â	ọ̀	ei (ai)	a èì, B ọ̀, ei
	a		ò		statt Uml. a, ei, B ü
ä	è (ò), e (ö)	æ	è, ü	ou	òù, o
	è				ò, o
e	e (ö), è	ê	e; è	ou	òü
	è e				
i	ì (ü) (iẹ)	î	i (ei)	iu**	ü
	ì, i, (è, è)		i, ì		
o	o ò	ô	ọ ò	ie	iẹ
	ọ ò (u)				e

---

* Wenn die vier letztgenannten Worte nicht einfach die ältere Deminutivbildung auf -în erhalten haben.

** Obgleich der ursprüngliche Diphthong im Mhd. schon langer Vocal gewesen sein muß, was aus der dem Umlaut von û gleichen Bezeichnung hervorgeht, führe ich ihn doch wegen seiner Beziehung zu *ie* unter den Diphthongen auf.

— 19 —

Kurze Vocale		Lange Vocale		Diphthonge	
Mhd.	S	Mhd.	S	Mhd.	S
ŏ	ŏ ŏ	œ	ŏ, ǫ̇	uo	uǫ̇
	ŏ̲ u̯				u, ß ǫ̇, o
u	ù	û	u̲ (ou)	ůe	ůę
	ù̯, u̲		u, ù		
ü	ù̇ (ůę)	iu*	ü̲ (öü)		
	ü̲				

Zum vollständigen Verständniß der obigen Tabelle sind folgende Punkte zu merken:

a) Die zuvorderst in einer Rubrik stehenden Vocale sind die am häufigsten vorkommenden.

b) Ein Komma zwischen den Formen der ersten Reihe deutet an, daß sie einander annähernd gleichberechtigt gegenüberstehen, ein Semikolon, daß die zweite selten ist.

c) Wo sich ein mhd. Vocal nur unter gewissen Einflüssen (Trübung, Diphthongisierung) zu einem bestimmten mundartlichen Vocal entwickelt hat, ist letzterer in Klammern geschlossen.

d) Verlängerung und Verkürzung, sowie Reduction, sind in der zweiten Zeile angegeben.

e) Ein Komma zwischen den Formen der untern Reihe bedeutet, daß diese neben einander für denselben Laut vorkommen; fehlt das Komma, so vertritt der untere Vocal den direkt über ihm in der obern Reihe stehenden.

Zunächst nun nehme ich unter dem Titel «Einzelne Vocale» diejenigen durch, die besondere Eigenheiten für sich bieten; solche, bei denen dieß nicht der Fall ist, sind übergangen worden.

§ 7. Mhd. *ě* und *e*.

Weinhold denkt sich mhd. Gr. § 29 den phonetischen Unterschied zwischen mhd. *ě* und *e* so, daß das erstere reines, also geschlossenes, das letztere dem *a* zuneigendes, also offenes *e* bedeute. Richtiger aufgefaßt hat den Sachverhalt Rumpelt, der deut. Lautl. 216 das Entgegengesetzte angiebt. Dafür sprechen die lebenden Mundarten, man müßte denn annehmen, daß erst im Laufe der Zeit sich *ě* mehr nach *a*, *e* mehr nach *i* geneigt hätte.

Das Schweizerische hat nach Rumpelt a. a. O. 210 die mhd. Aus-

---

* Der Umlaut von *ú*.

sprache bewahrt. Das ist nun in diesem Umfange nicht richtig, man kann nur sagen, daß sie überwiegt. Aber in der Toggenburger Mundart (vgl. Winteler S. 142), im Oberthurgau und anderwärts existieren für ë und e sogar die drei Qualitäten æ, è, e. Zwei Qualitäten in gemischter Verwendung bringt zur Bezeichnung J. Meyer in seinem Aufsatz «Das gedehnte e in nordalemannischen Mundarten» (F. M. 7, 177 — 190). Auch für S fällt ä weg; è und e verteilen sich dann so, daß für mhd. ë das è den Vorzug hat, für mhd. e sich e und è die Wage halten.

§ 8. Mhd. ë.

Das Regelmäßige ist wie gesagt è. Ich zähle in Vollständigkeit nur auf die seltenen Fälle mit e und setze ihnen gegenüber die in derselben Lautumgebung erscheinenden è. Ueber die Bedingungen des Eintritts von e läßt sich nur so viel sagen, daß es stets erscheint vor $l + m$, $+ s$, $+ ts$, sowie vor l, dem ein Vocal folgt, ferner vor ss und st. Es sind das Lautcomplexe, vor denen auch für mhd. e das e überwiegt. Bei anderer Lautumgebung scheint kein Gesetz zu walten.

Bei öpęrt, mhd. ëte-wër, etc. kommt vom historischen Standpunkte aus natürlich die Lautverbindung ëtw, nicht ëp, in Betracht.

Unter ë ist mit aufgeführt die moderne Trübung und Dehnung.

Regelmässig e		Schwankend e und è e è		
Mhd. ël			Mhd. ëb	
helm, mhd. hëlm	ebę, Adj. mhd. ëben		èbę, Adv. mhd. ëbene	
śelm, „ schëlme			nèbld, „ enëben	
felsę, „ vëlse	ebęr, „ ëber			
belts, „ bëllis	èrd-bebę zu „ bëben		lèbę, „ lëben	
			nèbļ, „ nëbel	
welę, -l, -ęs, mhd. wëli-			rèbę, F. „ rëbe	
cher, -iu, -es			wębę, „ wëben	
welę, mhd. wëllen				
Mhd. ëss			Mhd. ët	
χresslg, mhd. krësse	etlìχχ, mhd. ëtelich		bęte, mhd. bëten	
Mhd. ëst, ësch	öpęrt, „ ëtewër		χnètę, „ knëten	
świ̇śtęr, mhd. swëster	öpis, „ ëtewaz		trètę, „ trëten	
trösşę, „ drëschen	öpę, „ ëtewenne,			
Mhd. ëhs		ëtwâ		
seχs, mhd. sëhs. Aber				
sèχtseę, sèχtsg,				
sechzehn, sechzig.				

In andern Verbindungen ist auffallend das erste *e* in ep*e*ri, mhd.
ë*rtber*, neben è̜rd*e̜*, Erde. Sollte das durch Assimilation entstandene *p*
daran schuld sein?

e hat auch: l*ü̜*r*e̜*-moltis*e̜*r*e̜*, St. II, 203 Moltschere, nach Staub
«das Brot etc.» S. 26 mit ahd. *scërra* zusammengesetzt.

Nicht hieherzuzählen sind einige Fälle, wo durch falsche Analogie
e für *è* steht, in intransitiven Verbis nämlich, die ein Factitivum nach
der 1. sw. Conjugation neben sich haben oder hatten und ihr ursprüngliches *è* dem umgelauteten Vocale *e* gleich machten: is̑melts*e̜*,* Part.
k-is̑moltse̜, mhd. *smëlzen*, *gesmolzen*, neben mhd. *smelzen*; f e̜ r-
is̑rekχ*e̜*, Part. f*e̜*r-is̑rokχ*e̜*, mhd. *erschrëcken, erschrocken*, neben f*e̜*r-
is̑rekχ*e̜*, f*e̜*r-is̑rekχt, mhd. *schrecken*, sw. V.

Mhd. *è* in offener Silbe erscheint ausnahmsweise als *e* in tse*e̜*, ahd.
z*ë*han.

§ 9. Mhd. *e*.

Tabellen über die Qualität des mhd. e in der Mundart.

Umgelautetes a vor Dentalen.

e	è
bed*e̜*r, Bäder, ed], ahd. *edili*, v.	wèdl*e̜*, ahd. *wadalôn.*
adal, gr*e̜*d*e̜*r, Comp. des Adj. gerade,	
red*e̜*, mhd. *reden*, vgl. got. *garath-*	
jan, r*e̜*d, Rede, red*e̜*r, Räder,	
is̑*e̜*d*e̜*r, Comp. von dem als Adj.	
gedachten schade; *scheder* auch	
Konr. Trojanerkr. 34198.	
† fet*e̜*r, mhd. *vetere*, ahd. *faturëo*,	† fèt*e̜*r*e̜*, Väter, lèt, mhd. *lette*,
bet, got. *badi*, glet*e̜*r, glütter,	ahd. *lettjo*.
glet*e̜*, plätten, zu glatt, χet*e̜*n*e̜*,	
ahd. *chetinna*, aus lat. catena, tis̑etl*e̜*,	
zetteln, ahd. *zatjan*.	
es], got. *asilus*, aus asinus, gle-	bès], Base.
s*e̜*r, Gläser, gresl], Gräslein.	
bess*e̜*r, mhd. *baz*, brènessl*e̜*,	k-is̑pèssig, sonderbar, von Spaß,
v. mhd. *nezzel*, an. *nötr*, esslχχ mhd.	ital. spasso.
ezzec, aus lat. acetum, mess̀iññ̄, mhd.	
messinc, ags. *mäsling*, aus lat. massa.	
esis̑*e̜*, ahd. *asc*, lüsis̑*e̜*, mhd.	† dèis̑*e̜*, Asche, bèis̑*e̜*l*e̜*, St. I,

---

* Wenn hier nicht wie bei dem obigen belts das dem e folgende lts schuld ist.

leschen, Prät. *laschte*, r ǧšš, Uml.
von rasch (vgl. «Das Brot» etc.
37, 1) = spröde, † w ö s š, Wäsche.
b e š t, d e, der beste, got. *batists*,
f e š t, ahd. *fasti*, g e š t, Gäste, ne š t,
Aeste (das anl. n in na š t ist vom
unbest. Art. an das Substantiv an-
gewachsen).
hets ę, mhd. *hetzen*, got. *hatjan*,
χ retsę, mhd. *kretzen* neben *kratzen*,
(letzteres = ahd. *chrazzón*), † letšl,
mhd. *letze*, zu got. *latjan*, metsgę, s.
Weig. metzen, von ital. mazzare,
set s, Sätze, šletsę, heftig zu-
schlagen, ahd. *slagazjan*, wetsę, ahd.
hwazan.
gletšęr, Glätscher, frz. glacier.

139, bäscheln, Göpfert 38 bastln,
t è s š e, Tasche, † w è š š ę, waschen.
χ è s t e, Kästen.

b l ė t s, got. *plats*, f è t s ę, mhd.
fetze, b è t s l i, Eichelhäber = ahd.
agaza (vgl. Wackern. kl. 8. 3, 41),
† l ė t s, mhd. Adj. *letze*, ahd. *lazzi*,
χ è t s l ì, Kätzchen, s p è t s l ì, Spätzchen, χ rę̀ tse, amhd. *chrezze*.

l è t š, M., Schlinge, Schleife (dann
auch herabhängende Unterlippe), von
ital. laccio, vgl. L. Tobler K. Z. 22,
136, t è t š ę, breit und laut auf-
schlagen, zu St. 1, 269 Datsch.

Umgelautetes a vor Labialen und Gutturalen.

greb ęr, Gräber (Pl. von Grab),
tǫtę-greb ęr, Totengräber, heb ę,
sw. V. 1, got. *hafjan* (sw. Präs.),
šneb], Schnäbel. Hieher auch: †het,
ahd. *hapěti*.
χefì, ahd. *chefja*, aus lat. cavea.
† heftę, got. *haftjan*, dazu heft,
Heft, χreft, Kräfte, löffl], mhd.
leffel, zu ahd. *laffan*.

χlöpfę, mhd. *klapfen*, öpfļ, Apfel),
šöpfę, mhd. *schepfen* (got. *skapjan*,
erschaffen).

† heg, Pl. von Hag. Dazu etymologisch hegl, ein grobes Taschen-

šèbìg, schäbig. Hieher auch:
† hėšt, hèt, hènd, ahd. *hapés*, -*ét*,
-*ént*.

† hèftlì, Haft, Häcklein, k-šèftsll,
kleiner Schaft, Gestell, hö ü-št è f-
tsgę, sw. M., Heuschrecke, zu
mhd. *stepfen*, *steffen* = schreiten.

hèpf, F., mhd. *hefe*, zu ahd. *hef-
jan*, šnèpf, st. M., ahd. *snepfa* und
snepho, fer-šnèpfę, slχχ, sich
verschnappen, t è f ę r, Getäfer,
tsèpfę, Pl. von Zapfen, tsèpfę,
davonlaufen, zum obigen?
† hèks, Hexe, nach Weig. 1², 685,
von Hag, fègę, sw. V. 1, mhd.

messer, von Hag? jeger, Jäger,
χegl, Kegel, ahd. *chegil, χleger,
Kläger, legç, got. lagjan, megerer,
Comp. von mager, pflegl, mhd.
fleget aus lat. flagellum, rege, mhd.
regen, ahd. *ragjan, sleg, Schläge,
sleg], 1) ein hölzerner Hammer,
2) eine Flasche, sreg, schräge, zu
mhd. sw. M. schrage, be-wege,
sw. V. 1, mhd. bewegen, neglll,
Dem. von Nagel.

ek, N., mhd. eckç, zu lat. acies,
ekç, mhd. eye, got. agja.

bekχ, Bäcker, mhd. becke, bekχl,
ahd. becchin, aus lat. bacinum, sekχl,
Säckel, smökχç, ahd. smachjan,
fer-srekχç, sw. V. 1, mhd. schrecken
(Prät. schracte), † stekχç, tr., mhd.
stecken, Prät. stacte, tekχç, mhd.
decken, Prät. dacte, wekχç, ahd.
wecchan.

sweχχçr, schwächer.

vegen, zu ahd. fagar, χrègç, Krägen,
mègls, B maks, Mohnsame, mèkt,
Mägde, sège, sagen, sògç, sägen,
trègç, tragen.

●

snèk, M., ahd. sneggo.

hèkχlçr, durch Kälte aufgerissene
Haut der Hand; von hacken?
phèkχll, Dem. von phukχ, Paket,
† stèkχç, intr., stecken.

-lèχt, das mhd. Suff. lecht, nur an
Farbennamen gesetzt, z. B. rotlèχt,
rötlich, gross-mèχtlg, groß-
mächtig.

Umgelautetes a vor Liquiden und Nasalen.

elènd, ahd. alilanti, † smeler,
schmäler, welç, sw. V. 1, ahd. weljan.
berl, N., got. basi, p-serlnñ,
von ahd. piscerjan, sperç, ahd. sper-
ran, sparran, dwörç, ahd. swarjan,
terç, ahd. derran, darren, werç,
ahd. werjan.

tsemer, Comp. von zahm.

† smèlç, mhd. smeln, zu smal.

gèr, Adv., ahd. garo, χèrlll, Dem.
von Karren, χèrçlç, herumfahren.

sèmç, ahd. scamèn, sèml, ahd.
scamal, tsèmç, zusammen.

fènll, Fähnlein, mènç, ahd.
mana, trènç, ahd. trahan, tsè,
Zähne, k-wènt, gewöhnt, Part.
von ahd. giwenjan.

felle, fallen, wschl. nach Analogie
des nicht gebräuchlichen Factitivums
gebildet, höll, got. *kalja*, χelle, M.,
ahd. *chella*, †selle, sw. V. 1, schülen,
stelle, mhd. *stellen*, Prät. *stalte*,
swelle, mhd. *swellen*, Prät. *swalte*,
tselle, zählen.

† wenn, wenn, ahd. *hwanne*.

† sölle, mhd. *schellen*, Prät.
schalte.

χlemme, as. *clemmian*, stemm,
Stämme, stemm-ise, Brecheisen,
zu mhd. *stemmen*, aus * *stamjan*,
swömml, Schwemme, zu mhd.
swemmen, got. **swammjan.*
† wenn, wann, ahd. *hwanne*,
sprönne, mhd. *sprengen*, Prät.
sprancte, tennele, dengeln, v. ahd.
tangol.

*Umgelautetes a vor Liquiden und Nasalen in Verbindung mit andern
Consonanten.*

belder, bälder, helde, ahd.
haldjan, elter, älter; eltere, Eltern,
gelte, mhd. *gelte*, stöltse, ahd.
stelsa.
ermer, ärmer, erml, Aermel,
wörmer, wärmer.
k-fert, Fuhrwerk, zu fahren,
fertig, ahd. *fartic*, hert, nhd. *harti.*
merts, mensis Martius.
erger, ärger, Aerger.
merkχe, mhd. *merken*, Prät.
marcte.
sterχχer, stärker.

χelblì, Kälblein, swèlblì,
Schwälblein.

èrm, Arme.

bèrtli, Bärtchen, gèrte, Gärten,
swèrtli, Schwärtchen.

hèmp, mhd. *hemede*, zu *ham.*
stèmpfl, mhd. *stempfel*, von ahd.
stamph.
bènder, Bänder, hènd, Hände,
lènder, Länder, pfènder, Pfänder,
stèndlinne, stehend, im Stehen,
ferslèntse, sw. V. 1, zerreissen,
zu slants, M., Riß.

χreṅkχnẹr, kränker.

hèṅśt, ahd. *hengist*.

hèṅkχẹ, ahd. *henkan*, Prät. *hancta*.

lèṅkχẹ, mhd. *lenken*, Prät. *lancte*,

fẹr-rèṅkχẹ, sw. V. 1, mhd. *ver-renken*, rènkχlẹ, umbiegen, von Rank, śwèṅkχẹ, schwenken, spülen, ahd. *swenkan*, tèṅkχẹ, denken, Prät. dachte.

Anmerkungen zu den Tabellen.

1. Die Beispiele von Trübung und Dehnung des mittelhochdeutschen *e* sind mit eingeschlossen.

2. Besternt sind solche Wörter, welche, sei es daß sie zu demselben Stamme gehören oder nicht, sich in ihrer Form nur durch andere Qualität des *e* unterscheiden, ebenso verschiedene Wörter Eines Stammes oder Formen Eines Wortes, die verschiedene *e* haben.

3. Die Bedeutung ist in etymologisch nicht ganz auf der Hand liegenden Fällen durch alte Formen, die wo möglich noch den unumgelauteten Vocal zeigen, wiedergegeben.

Es erhellt aus den gegebenen Uebersichten, daß vor harten Consonanten *e* überwiegt. Jüngere, vielleicht durch das schriftdeutsche ä beeinflußte Umlaute scheinen das è vorzuziehen, vgl. z. B. Kätzchen, Spätzchen. In der Stellung vor Liquiden und Nasalen sind entschiedene Neigungen zu entdecken; *l* und *r* lieben den geschlossenen Vocal, *m*, *s*, *n* den offenen.

§ 10. Mhd. *o ö* und ihre Entsprechungen in S.

Wir haben es auch hier mit zweierlei Klangfarben, ò und o (bezw. ö, ö) zu tun. Ob schon zur mhd. Zeit die beiden Qualitäten vorhanden waren, können wir nicht wissen. Im heutigen Deutsch scheint gewöhnlich durch einen Dialekt je eine Färbung durchzugehen, so herrscht im Obers. o, z. B. offen, geschlossen (Göpfert S. 3 erwähnt wol zweierlei *e*, aber nicht zweierlei *o* ≡ mhd. *o*), im Nordd. ò, z. B. öffen, geschlössen. Das Gefühl für die Verschiedenheit der beiden *o* ist daher bei den meisten Individuen gar nicht vorhanden, und die Orthographie kommt ihm nicht, wie beim *e*, zu Hilfe; wenn eine andere Orthographie, wie die altnordische, den Unterschied zum Ausdruck gebracht hat, so versteht man häufig die Buchstaben falsch ; ọ soll nicht als ö gesprochen werden, sondern es unterscheidet sich von o wie mein ò von o (vgl. die Classificierung nach dem Lepsius'schen System in Wimmer an. Gr. S. 1).

In S herrscht durchaus o vor. Das zeigen sämmtliche Partt. Præt. der 2. und 6. Ablautreihe (nach Sievers' Paradigmen), sofern sie nicht unter die noch zu besprechenden Ausnahmen fallen. Bei der erstgenannten Classe ist dieß befremdlich, da der Vocal des Præs.-Stammes in der Regel offenes *e* ist. Folgendes sind die hieher fallenden Verba der 2. ablautenden Classe: stålǫ, stehlen, Part. k-stålǫ, tròffǫ, treffen, Part. 'troffǫ, doch auch 'tròffǫ, brèχχǫ, brechen, Part. 'proχχǫ, fǫr-åprèχχǫ, versprechen, Part. fǫr-åproχχǫ, åtèχχǫ, stechen, Part. k-åtoχχǫ, fèχte, fechten, k-foχtǫ (nicht eigentlich dial.), fǫr-årekχǫ, erschrecken, Part. fǫr-årokχǫ. Die Partt. der 6. ablautenden Classe (außer den unten zu nennenden) sind: k-åobǫ, geschoben; kχlobǫ, von χlųbǫ, abd. *chliuban*; k-åloffǫ, von ålųífǫ, ahd. *sliufaŋ*; k-sotǫ, gesotten; ŋ-'potǫ, angeboten; k-flossǫ, geflossen; p-ålossǫ, beschlossen = geschlossen; k-åossǫ, geschossen; 'pogǫ, gebogen; k-logǫ, gelogen; k-χroχχǫ, gekrochen, k-roχχǫ, gerochen. Diese alle mit *ų*, mhd. *iu*, im Præs.-St. Mit *ų* im Præs.: k-soffǫ, k-soge, gesoffen, gesogen.

ò tritt in der Regel nur ein vor *r* und vor Nasalen. Für die Stellung vor *r* kommen außer den Fällen vor *r* + Cons. folgende in Betracht: bòr-χìrχǫ, Gallerie in der Kirche, mit mhd. *bor* gebildet, bòrǫ, bohren; bòrǫr, Bohrer; bòrǫrli, kleiner Bohrer, Dòrǫtǫ (Hauptaccent auf der 1. Silbe) Dorothea, fòr, vor, fòrǫ, Föhre, åòr-iṣǫ, Eisenbrett zum Reinigen der Schuhe, gebildet mit *schorren*, s. «Das Brot» S. 26, Anm. 1, ånòrǫ oder ånòrǫ, Maul, s. St. II, 344, 346, åpòrǫ, Pl. von Sporn, åpòrǫ (wol ahd. *sparro*), Schrulle im Kopf, von dem Begriff des Verrammelten entwickelt, tòrǫ, dorren, Åtòrǫr, Geschlechtsname Storrer, eigentlich im Klettgau und in der Baar zu Hause.

Der Umlaut scheint hier nicht durchweg zu entsprechen, d. h. er ist nicht immer *ò*; denn wir haben tòrǫ, mhd. *turren, törren*, tòrffǫ, mhd. *durfen, dörfen*, dòrt, dort.

Gedehntes offenes *ò* vor *r* ohne folgenden Consonanten haben wir 1) in tòr, porta, 2) in dem Particip der 2. ablautenden Classe k-åòrǫ, geschoren und in denen der 6.: k-fròrǫ, fǫr-lòrǫ, gefroren, verloren. Geschlossen ist dagegen dieses gedehnte *o* in ge-bòrǫ, k-åwòrǫ, geboren, geschworen. Der Grund mag darin liegen, daß die letztern beiden Verba nicht gut mundartlich sind; von geboren kommen die übrigen Formen gar nicht vor. Im mundartlich gefärbten Hochdeutsch aber werden diese langen *o* im Part. nach der herrschenden Ausſprache als *o* gelesen.

Mhd. *o* vor Nasalen haben wir fast nur in den Formen mit alemannischer oder aus dem Md. eingedrungener nhd. Brechung von *u*. Dieses *o* ist dann regelmäßig *ò*. Folgendes sind die Fälle: fròmm, fromm, χòmǫd, Pl. Ind. Præs. und Imp. von kommen, χònǫ, können (alemannisch schon früh gebrochen, vgl. AGr. § 381), **kχὄnìg**, mhd. *hünec* (doch χûn̄n̄, Kegel- und Kartenkönig).

Da dem Offenwerden des *o* lediglich physiologische Einflüsse zu Grunde liegen, so sei erwähnt, daß auch das aus *ou* reducierte *o* (vgl. § 23, 1 a) als *ό* erscheint: bὸmm, sὸmm, trὸmm, tsὸmm, Bnum, Saum, Traum, Zaum. Ebenso weise ich darauf hin, daß mhd. *ó* vor Nasalen in der Mundart gleichfalls offen ist (vgl. § 13).

B und überhaupt, so viel ich weiß, der Hegau, und nach einem brieflichen Berichte von J. Meyer auch Neunkirch im Klettgau, hat *ό* für *o* außer vor *r* und den Nasalen vor allen Dentalen. Die Städter empfinden diesen Unterschied sehr, so daß diese Vocalnuancierung geradezu zu einem der Hauptmerkmale der Mundart wird. So stehen einander gegenüber:

S (o, ö)	B (ò ö)	S (o, ö)	B (ò, ö)
bodẹ, Boden	bὸdẹ	χotsẹ, sich erbre-	χὸtsẹ
fẹr-botẹ, verboten	fẹr-bὸtẹ	χrot, Kröte [chen	χrὸt
†gὸt, Gott	gὸt	losẹ, ahd. *hlosên*	lὸsẹ
gotẹ, ahd. gota	gὸtẹ	mošt, Most	mὸšt
götì, ahd. goto	†götì	pošt, Post, Dem.	pὸšt
gotsìg, einzig, Schm.		pot, Bote [pöštlì	pὸt
1, 962, gottig, gotzig		all pot, hie und da	all pὸt
von «gots einzig?»		s. Hunz. 36 «bot»	
hosẹ, Hosen	hὸsẹ		rὸdl, mhd. rodel
hot, rechts in der	†hot	ross, Roß, Dem.	rὸss, rὸssli
Fuhrmannsſprache		rošt, Rost [rössli	rὸšt
hoterẹ, schütteln,	bὸterẹ	k-sote, gesotten	k-sὸte
rütteln [ler 171b)		p-šlossẹ, beschlos-	p-šlὸssẹ
hotslẹ, dass. (s. Sei-	bὸtslẹ	sen = geschlossen	
χodẹr, Auswurf	χὸdẹr	špot, Spott	špὸt, in der Re-
χnodẹ, Pl. v. χnödẹ,	χnὸdẹ		densart ẹ šand
Knöchel, mhd. knode			und špὸt, eine
χošt, Kost	χὸšt		Schande u. Spott
χoštẹ, kosten	χὸštẹ	totsẹt, Dutzend	tὸtsẹt
⸱	aber †χöst-	totš, einfältiger	tὸtš
	liχχ, kost-	Mensch	
	spielig	trotẹ, mhd. trotte	trὸtẹ
χöštẹ, Kosten	†χöštẹ	trots, Trotz	trὸts

Die wenigen Ausnahmen des sonst sehr abgerundeten Gesetzes sind hier durch † gekennzeichnet.

Anmerkung 1. Gott kommt fast nur vor in der Verbindung dẹ lieḅ gḅt. Die für S eigentlich zu erwarten stehende Form goṭ hat Stein a. Rh. In S hat vermutlich die Ausfprache des Schriftdeutschen eingewirkt. *Anmerkung 2.* Es befinden sich unter den obigen Wörtern auch Beispiele von mhd. noch ungebrochenem *u.* Es kam ja hier nicht auf die Tatsache der Brechung oder Nichtbrechung an.

§ 11. Mhd. *o* (*ŏ*) und sein Verhältniss zu *u* (*ŭ*) und *a* in S.

In ihrem Verhalten bezüglich des gebrochenen *o* und des *u* verfährt die Mundart weder dem Mhd. noch dem Nhd. völlig analog; im Ganzen steht sie mehr zum Mhd. Wo folgende nasale Geminata oder Nasal + Cons. schon im Ahd. die Brechung aufgehalten, steht auch in der Mundart fast durchgängig *u.* Hallau im Klettgau läßt hier *ò* eintreten; man verspottet die Bewohner dieses Dorfes mit dem Stichelwort am òndẹrẹ brònne, am untern Brunnen.

Die Beispiele von *u* vor *n* + Cons. sind in S folgende: 1) Partt. der 1. ablautenden Classe: 'kùnnẹ, gewonnen, k-rùnnẹ, geronnen, p-sùnnẹ, besonnen, k-spùnnẹ, gesponnen; ein Part. 'prunnẹ (so noch aarg.) ist verloren gegangen durch Vermengung des intr. mit dem tr. Vb. brènnẹ, 'prènnt. 2) Verschiedenerlei Wörter: brùnnẹ, Brunnen, gùnnẹ, gönnen, kχùmpẹnḙ, Compagnie, mhd. kumpanle, p-sùndẹr, besonder, sùnn, Sonne, trùmbẹtẹ, mhd. *trumpet,* trùmmẹ, Trommel, dem Laute nach = mhd. *trumbe.*

Vor einfachem Nasal hat sich der ungebrochene Vocal erhalten in χûññ, Kegel- und Kartenkönig; dagegen kχònig, der politische König; die Entlehnung aus dem Nhd. zeigt sich außer dem Vocal in dem anlautenden Consonanten, da nhd. *k* als *kχ* wiedergegeben wird.

Der ungebrochene Vocal steht ferner abweichend vom Mhd. in hùññ, Honig, tùndẹr, Donner (weil durch die Einschiebung des *d n* + Cons. entstanden war?), sùmmẹr, Sommer; einmal vor *l:* tùlẹ, ahd. *dula* (Dohle) neben mhd. *talle* aus *tâhala, tâha;* einige Male vor *r:* fùrt, nhd. *fort,* älter *furt,* bùrnùslẹ, F., mhd. *hornus;* einmal vor Verschlußlaut: lùk, locker, mhd. *lücke.* Umgekehrt ist zu bemerken, daß es gegenüber nhd. *Schuppen* (wiewol auch *Schoppen*) heißt sopf, md. *schopf,* gegenüber *zuknüpfen,* tsuẹ-χnöpfẹ. Ferner fròmm für mhd. *vrum* (basl. noch frumm, Seiler 122ᵇ), sọ, Sohn, ahd. *sunu.*

In den Præteritopræsentien nach der *a*-Classe werden außer bei dem schon aufgeführten gùnnẹ, gönnen, die alemannisch (vgl. AGr. § 377 bis 383) früh auftauchenden Formen mit Brechung und Umlaut verwandt: χònẹ, können, sölẹ, sollen, mögẹ, mögen, törẹ, mhd. *turren,* alem. auch *törren,* in gleicher Bedeutung wie törffẹ, dürfen.

Wie im Nhd. gehen die einen Stoff bezeichnenden Adjectiva, deren Ableitungssilbe -*in* an einen noch ungebrochenen Stamm getreten war, jetzt nach Analogie ihrer Substantiva: gold*ę*, mhd. *güldin*, höltsę, mhd. *hülsin*; aber wùli, mhd. *wüllin* ist nicht geltend zu machen, da (s. unten) auch das Substantiv Wolle wùll heißt. Die durch folgendes *l* bewirkte Trübung von germ. *a* zu *o* liegt scheinbar vor in söl, ahd. *sol, scol, scal.* Der Umlaut deutet aber darauf hin, daß der scheinbare Ind. ursprünglich ein Conjunctiv war; söl würde dann also mit dem Pl.-Stamm des Præt. auf *u* gebildet sein und einem mhd. *sül* entsprechen. — Dagegen hat die Mundart eine jüngere Trübung von *a* zu *o* durch *l* in rèkχ-holdęr, mhd. *wechalter*, wie nhd. Wachholder (doch vgl. schon ahd. *quehholtra*).

Von größerer Bedeutung sind die Trübungen von *e* und *a* zu *o* und *u* durch Einfluß eines Labials. Mhd. *komen* aus ahd. *quëman* behandelt die Mundart im Ind. præs. so, als ob dem ursprünglichen *i* des Sg. ein *u* entspräche, dem *e* des Pl. ein *o*: ì χùmę, męr χòmed, ich komme, wir kommen. Der Imp. heißt χùm, in B χòm, wie denn dieses eine Vorliebe für Erhellung des *u* zu haben scheint, daher nò, S nù, nur, tsò, S tsú, zu. Von der Trübung unberührt bleibt welę, mhd. *wëllen*, wollen. So heißt auch der Conj. præt. mit Ausfall des *l* wet. Daneben eine Form wot, die s. z. s. indicativen Sinn angenommen hat.

Bis zu *u* ist das aus *ë* getrübte *o* vorgerückt in wùχχę, Woche, ahd. *wëcha*. Das gleiche Schicksal traf auch mehrere alte *o* vor *ll* oder *l +* Cons.: k-ʃwùllę, mhd. *geswollen*, wùll, ahd. *wolla*, wùlkχę, F., ahd. *wolkan*, 'kùltę, mhd. *gegolten*.

Altes *a* ist zu *o* getrübt in wòrùm, warum (wenn dieses nicht auf älteres *wârumbe* zurückweist), zu *u* in ʃwùmm, Schwamm. Ob in brumbęrì, Brombeere, Trübung von mhd. *a* oder vielmehr *â* in *u* durch Einfluß des Labials vorliege, ob also die Form streng lautlich dem mhd. brâmber entspreche, möchte ich bezweifeln. Ich möchte lieber auf ein volksetymologisches * bru̱mbe̱ri zurückgehen, was s. v. a. Braunbeere heißen würde.

§ 12. Mittelhochdeutsches *â, æ.*

1. Mhd. *a, æ,* S *ǫ̂, ǫ̲.*

In verschiedenen germanischen Sprachen und Dialekten ist bekanntlich eine Senkung von *â* nach *ô* eingetreten. Diese Senkung ist auch im Alemannischen durchgegangen (vgl. AGr. § 44); doch gibt es Sprachinseln wie Glarus und Bern u. a., die *â* rein erhalten haben;

Beispiele für Glarus s. Winteler 126, für Bern etc. Stalder Dial. S. 16. Die Klangfarbe des so entstandenen *ó* ist nach den Mundarten verschieden; in Basel ist es außer vor *r* (nicht Nasalen) geschlossen, in S stets offen. Früher muß in S für dieses *ǫ* die hegauische Spaltung *au* gegolten haben. Das läßt sich schließen aus alten Formen wie z. B. folgenden im Stadtbuch vorkommenden: frônwavge V, 223, 9. 46, Frohn-, d. i. Herrenwage (Noch jetzt steht neben der Herrenstube, dem Haus der Junkergenossenschaft, der « Frohnwaagthurm »), gavbent V, 221, 11, mhd. *gâben*, haust VI, 239, 18. 20, mhd. *hâst*, haut VI, 243, 45; 238, 30; 247, 4; 275, 46 etc., mhd. *hât*, lauzen, VI, 238, 37; 239, 13. 35, mhd. *lâzen*, mavsse VI, 277, 17. 29, mhd. *mâze*, raut V, 222, 3; VI, 236, 42; 238, 32; 281, 26, mhd. *rât*, Schaufhûsen V, 232, 5. 6, VI, 231, 20. 29; 234, 47; 236, 28. 42 u. a., Schaffhausen*, stavt V, 223, 23, staut VI, 247, 11, verstaut VI, 241, 16, mhd. *stât, verstât*, strauz VI, 274, 36. 38, mhd. *strâze* u. a. m.

Der Hegau hat dieses *au* = mhd. *â* aus dem benachbarten Schwäbischen; denn diesem gehört es (vgl. AGr. § 96) vorzugsweise an. Entstanden ist der Diphthong durch Spaltung entweder direkt aus *â* oder *ǫ*, doch wegen des *a*-Klanges eher aus ersterm.

Bei dieser Gelegenheit sei etwas bemerkt, woraus der mächtige Einfluß politischer und confessioneller Gegensätze auf die Scheidung der Dialekte klar wird. Der schweizerische (schaffhauserische) Hegau nämlich hat jenes *au* für gemeinschweizerisch *ó* aufgegeben (vgl. S. 2), während der badische ihn beibehielt (natürlich spreche ich nur von dem echten Kern des Volks). Der Bewohner von B erkennt sofort den Bewohner des eine Viertelstunde entfernten Weilers Murbach an seinem gueten aubęd für B gueten ǫbęd, guten Abend. Derselbe Gegensatz findet sich zwischen Katholiken und Protestanten in der von B eine halbe Stunde entfernten paritätischen Gemeinde Ramsen. Da nun die badischen Dörfer der Umgegend katholisch, die schaffhauserischen außer Ramsen alle reformiert sind, so kann man den Gegensatz vielleicht mehr dem confessionellen als dem politischen Einflusse zuschreiben (vgl. was Winteler S. 216 oben über die gleichfalls paritätische Gemeinde Egnach im obern Thurgau bemerkt). Offenbar ist die Vertretung von *au* durch *ǫ* im schweizerischen Hegau kein physiologischer Vorgang, wiewol eine solche Zusammenziehung eines Diphthongs in einen langen Vocal nicht gegen den Geist der Mundart wäre. Aber ein reines Lautgesetz hätte nicht die Hälfte eines Dorfes betroffen und die andere nicht. Von Westen

---

* Diese Schreibungen stimmen sammt der VI, 366, 33 vorkommenden Schäfhn. für die Ableitung des Stadtnamens von Schunf.

kam eben das gebildeter klingende *ǫ*, welches dann von den fortschrittlichen Protestanten, nicht aber von den conservativen Katholiken angenommen wurde.

Der Laut *au* ist so der Mundart fremd geworden, denn mhd. *ou* ist *ou (òù)* geblieben, obgleich das auf *ai* zurückgehende *a* = mhd. *ei* einen *a*-ähnlichen Klang des Diphthongen erwarten ließe, da doch die Entwicklungen der Laute *ei* und *ou* einander gewöhnlich parallel gehen. Die Beispiele für Senkung des mhd. *â* zu *ǫ*, bezw. *æ* zu *ǫ* sind so zahlreich, daß ich mich begnügen muß, das Lautgesetz

1. an den Fällen zu veranschaulichen, wo das Nhd. den Vocal verkürzte und einige Male nach Analogie von Hammer, Kammer u. dgl. den Cons. verdoppelte. Es sind dieß: a-dǫ̀χtig, andächtig, mhd. *andæhtic*, jǫ̀mǫrǫ, jammern, mhd. *jâmern*, tǫ̀χte, sw. M., Docht (obers. dâcht), mhd. *tâcht*, N., tǫ̀pǫ, sw. M., mhd. *tâpe*, vgl. nhd. Tappe, täppisch, wǫ̀ffǫ, F., Waffe, mhd. *wâfen*, wǫ̀pǫ, sw. N., Wappen, mhd. *wâpen*.

2. an einigen Fällen, welche besonderes Interesse darbieten: dǫ̀, mhd. *dâ*, dagegen dǫ́,* mhd. *dô*, jǫ̀, meist gekürzt jò, ja, nǫ̀, nahe, nach, als Präpos. gekürzt nò, pǫ̀bst, pǫ̀bstli, Pabst, Päbstlein, salǫ̀t, M., Salat, ital. *salata*, F., B tǫ̀, getan, und so auch nach Analogie des Part. der Inf., während in S das Part. nach Analogie des Inf. tuǫ lautet, wǫ̀r, wahr, gekürzt in wǫ̀rǫt, Wahrheit (diese auf ahd. *wâr* zurückgehend; daneben wèr-haftig, zu ahd. *wâri*, mhd. *wære*?)

In Einem Worte scheint es fast, als ob nach Analogie der Verwandlung von *â* in *ǫ* auch mhd. *a* sich in *ò* verwandelt hätte: štòrǫ, sw. M., mhd. *stare*, *star*.

Mhd. *â*, S *a*.

In einigen, wie es scheint nicht ursprünglich mundartlichen Wörtern, worunter sich auch Fremdwörter befinden, erscheint *a* unverändert als *a*: -bar, ahd. *-pâri* in offǫ-bar, offenbar, u. dgl.; kχlar, aber χlǫ̀ri, Amelmehl zum Klarmachen, d. i. Stärken der Wäsche, k-nad, Gnade (durch die Kirchensprache eingedrungen und erhalten), pralǫ, prahlen, md. *prâlen*, sat, Saat (der gebräuchliche Ausdruck ist Frucht), soldat, Soldat, šmaχχ, Schmach, babǫ, Puppe, mhd. *bâbe* (aus dem slav. baba, zuweilen *bôbe* geschrieben; J. Meyer, Schulz. 2, 143 b weist darauf hin, daß unsere Form mit *a* deßhalb um so auffälliger sei).

---

*Z. B. Dǫ wo-u-èr χù lšt, bǐn ì dǫ̀ k-si, damals als er kam, bin ich dagewesen.

3. Mhd. æ, 8 ẹ.

Wo der Umlaut nicht gefühlt wird, d. h. wo nicht eine unumgelautete Form nebenhergeht, hat sich mhd. æ der Trübung zu ọ entzogen und ist ẹ geblieben. Dieß ist der Fall:

a) in allen erhaltenen Conjj. Præt. der 2. und 3. ablautenden Classe und in dem Conj. tẹt, täte. Da der Ind. Præt. vom Schauplatz verschwunden war, erinnerte nichts mehr an das â des Pl.-Stammes. Die bezüglichen Vbb. sind: nach der 2. ablautenden Classe: trẹff, träfe, brẹχχ, brüche, fẹr-sprẹχχ, verspräche, stẹχχ, stäche; nach der 3. ablautenden Classe: lẹs, läse, ẹss, ässe, frẹss, frässe, sẹss, sässe.

b) In den ahd. auf âjan ausgehenden sw. Verba 1.: bẹjjẹ, ahd. † bâjan, pâan, bâhen, mhd. bæn, χrẹjje, mhd. kræjen, mẹjjẹ, mhd. mæjen, nẹjjẹ, mhd. næjen, trẹjjẹ, mhd. dræjen, wẹjjẹ, mhd. wæjen.

Der badische Hegau, sowie die katholische Einwohnerschaft des oben erwähnten schaffhauserischen Dorfes Ramsen haben das ahd. â der letztgenannten Kategorie sogar unumgelautet erhalten, so daß ihre Formen noch älter sind als die mittelhochdeutschen. Es heißt also dort majjẹ, najjẹ etc. Auch in Baselstadt (nicht aber in Baselland, vgl. Seiler z. B. mäije) ist dieses â unumgelautet, aber gekürzt; es heißt majẹ, najẹ etc.

c) In einer Anzahl einzelner Wörter: ẹmd, ahd. âmâd, k-frẹs, Fratze, der Form nach = mhd. Subst. gevræze, N., k-frẹs, gefrässig, χẹs, Käse, mẹntig, mhd. mântac, mæntac, mẹrll, Mährchen, rẹbẹ, F., weiße Feldrübe (was wol, wie nach Weig. Kohlrabi auf lat. râpi, Gen. von râpum zurückgeht), rẹs, mhd. ræse, rẹtiχχ, ahd. rêtich, ratich (lat. radix), strẹl, strẹlẹ, mhd. stræl, strælen, strẹtsẹ, mhd. stræjen, mit s-Bildung, Tẹiññẹ, das Dorf Thayngen, wẹgẹr, Interj. der Beteuerung, Comp. von mhd. Adj. wæge, s. Proben zu Id. S. 32.

Anmerkung 1. Gekürzt haben wir æ in fórnẹm, mhd. vürnæme, und in wẹr-haftig, wahrhaft, mit mhd. wære (in wærliche) gebildet.

Anmerkung 2. In B ist auch noch erhalten k-hẹs, st. N., mhd. hæze, st. M.

Anmerkung 3. Thayngen im schaffhauserischen Hegau (den Namen s. o.) hat für χẹs, rẹbẹ, die Formen χais, raibẹ.

Aus unbekanntem Grunde, vielleicht wegen des ursprünglich folgenden n, erscheint auch mhd. ê als ẹ in tẹwẹ, mhd, swên.

§ 13. Mhd. ô, œ.

Die regelmäßige Entsprechung ist ó, wie allgemein nhd. Wie wir nun § 10 sahen, daß o vor Nasalen stets offen ist, so auch ó. Dieses ist vor *m* und *n* stes ǫ (Umlaut ǫ̈). In Basel wird dagegen sowol alte als auch neue Länge offen durch folgendes *r* (Seiler bemerkt darüber nichts). Wenn J. Meyer, Sprachb. § 6 sagt: Schwäbisch ist, daß *u* und *o* vor *n* in Hullan dumpf klingen (er meint damit die dem *a* nähere Klangfarbe), sontig, donstig, bom, bóne, chróne», so muß dieser Satz etwas modificiert werden. Die specifische Eigenheit Hallaus besteht darin, daß es (vgl. S. 28) *u* vor *n* durchgängig gebrochen hat. Die Färbung des reducierten Diphthongen ou in bòmm (Baum) etc. und die des mhd. o und ó nach *a* hin ist allgemein klettgauisch und hegauisch. Die wenigen Beispiele sind folgende, worunter die Fälle mit apokopiertem *n* eingeschlossen sind: bǫnę, Bohne, hǫn, Hohn, kχanǫnę, Kanone, χrǫnę, Krone, lǫ, Lohn, Dem. lǫ̈li, Lǫ, Lohn, Dorf im schaffhauserischen Reiat, Lǫ̈liññę f. Lǫ̈niññę, Löhningen, Dorf im schaffh. Klettgau, Rǫm, Rom, rómiśś, römisch, śǫnę, schonen, śǫ̈, schön, daneben śu, schon, meist gekürzt śù, śǫ̈nę, den Wein klären, trǫn, Thron.

Während die durch Dehnung entstandenen gemeinschweizerischen ô vor *n* zu *u* gesteigert werden, geschieht dieß bei ursprünglich langem ó nur ausnahmsweise (K dagegen hat hier consequent *ü*). Der einzige Fall ist das oben erwähnte śü, schon, mhd. *schóne*, wahrscheinlich nach der Analogie von fù, von, gù, ahd. *gagan*, da der Zusammenhang mit dem Adj. *schön* dem Sinne abhanden gekommen war.

§ 14. Mhd. î und ü und dessen Umlaut *ĩu*.

Das Neuhochdeutsche hat, namentlich unter norddeutschem Einflusse, die Neigung, kurze Vocale offen, lange geschlossen zu zeigen. So hört man nie von einem Norddeutschen kurzes geschlossenes o und langes ô. Für kurzes *e* sprechen Viele auch stets è, z. B. sètzen, fèst (firmus). Langes offenes e wäre schon vom Schauplatz verschwunden, wenn nicht das Schriftzeichen des ä den Vocal erhielte, denn nur da, wo dieses zufälligerweise steht, ist er erhalten, z. B. in mähen, nähen gegenüber *drehen*, *wehen*, und auch hier sprechen Viele é, z. B. in den Conjj. Præt. *läge*, *wäre*. Also, denken wir uns die Vocallinie nach dem Winteler-Sievers'schen Schema als Durchmesser eines Kreises, so beobachten wir bei den kurzen Vocalen ein centripetales, bei den langen ein centrifugales Streben. Dieses tritt nun auch bei *i*, *u*, *ü* hervor, wie schon Winteler S. 92 hervorhebt: «Im Deutschen klingen mir die kurzen *i, u, ü* regelmäßig als mittlere Laute (d. h. als mittlere zwischen *ó* und *ú*) auch im Munde derjenigen, welche für den Unterschied der beiden Formen keinen Sinn haben». Damit ist auch gesagt, daß lange *i, u, ü* geschlossen seien. Bei diesen drei Vocalen ist auch in der Mundart die genannte Neigung zu erkennen. Während aber im Gemeindeutschen die offene und geschlossene Ausſprache meist nur von physiologischen Bedingungen, von Kürze und Länge abhängt, gleichgültig, ob letztere ursprünglich oder modern sind, kommen für die Schweizermundarten auch noch etymologische Factoren in Betracht, da ja auch die historischen Bedingungen der Vocale zu denen der alten Sprache im Wesentlichen stimmen. Als erstes Gesetz gilt: mhd. *í, ú* und dessen Umlaut *iu* sind in der Ma. *u̲, u̲, i̲.* Damit hätten wir es hier allein zu tun; das Uebrige siehe bei der Besprechung der Dehnung und Kürzung.

1. Beispiele für *í*: χi̲be̲, keifen, mhd. *kiben*, χi̲χχe̲, keuchen, mhd. *kichen*, njd̲l̲, Rahm, s. St. 2, 236, ri̲s̲te̲, mhd. *riste*, s̲i̲, sein, k-s̲i̲, gewesen, s̲i̲t, Scheit, s̲i̲te̲, sw. V. 2, mhd. *schíten*, st. V., spri̲se̲, *sprieze*. Hieher auch χl̲i̲, mhd. *klein*, aber auch *klin*, nach Gr. Wb. 5, 1087 eine durch Ablaut geschiedene Nebenform.

2. Beispiele für *ú, iu*: fu̲s̲t — fu̲s̲t, Faust, Fäuste, hu̲t — hu̲t, Haut, Häute, lu̲, st. M., Laune, lu̲t — lu̲te̲, laut, läuten, mu̲s — mu̲s, Mäuse, su̲ffe̲, saufen, s̲ufle̲, Schaufel. Roupe̲, Raupe, muß aus dem Nhd. herübergenommen sein, und dieses hat es aus md. *rûpe*.

§ 15. Mhd. *ei (ai)* = S *a̲*, B *u̲*.

Vgl. über diesen Gegenstand den eingehenden Aufsatz von J. Meyer, Schulz. 2, Nr. 44—47 «Das gedehnte *a = ai* in nordostalem. Mundarten». Die Zusammenziehung des Diphthongen *ai* zu dem langen Vocal *a* durch Hervortreten des ersten und Zurücktreten des zweiten Bestandteils ist hinlänglich aus dem Griechischen, aus dem Ags. und aus deutschen Mundarten (ich verweise auf Meyer a. a. O. S. 350, auf Schmeller, bair. Gramm. § 140) bekannt. Für das schweizerische Gebiet gibt Stalder (Dialekt. 22) Schaffhausen, Bündten, St. Gallen und den Oberthurgau an. Genauere Bestimmungen einzelner Stationen bei Meyer a. a. O. Die Erscheinung findet sich ferner in Kurzenberg (Kt. Appenzell), vgl. Tobler XXXII. Für die ältere Sprachstufe vgl. Weinh. mhd. Gr. § 92, AGr. § 34.

Hervorgegangen ist dieses *a* natürlich nicht aus *ei*, sondern aus *ai*; *ei* hätte zu *ê* werden müssen, wie das appenzellische *â* (vgl. Tobler XXXII, Anm. 3) uns vergegenwärtigt. Richtebr. 65, 5 heißt es allerdings auch hæligen, Stadtb. V, 8, 14 getâdingen, 30, 3 tâding u. s. w.; aber die gewöhnliche Schreibung ist *ai*, bisweilen *a* (s. u.). Zu jenem *a* würde ein Analogon sein die gleich hier zu erwähnende Zusammenziehung des *ou* zu *o*, gekürzt *o*, mhd. *ouch*, *och*. Doch steht dieser Fall vereinzelt da.

ai als Ausgangs- oder wenigstens Durchgangspunkt wird obenein bestätigt 1) durch die jetzige Sprechweise von Frauenfeld (Thurgau) und Rüdlingen (rhein. Klettgau), an welchen Stationen, die an die *a*-sprechenden Gebiete grenzen, jetzt noch *ai* herrscht und deutlich unterschieden wird von dem unter bestimmten Bedingungen (vgl. § 19) auftretenden *ei* = mhd. *i*; 2) durch die im Stadtbuch gewöhnliche Schreibung *ai* und dieselbe, hauptsächlich mit *a* wechselnde, bei H. Stockar. Auch in den Briefen des Hauptmanns Ulr. Harder, bei Maurer S. 204 ff. kommt bisweilen die Schreibung *ai* vor.

Die Ausſprache muß aber schon lange *a*, höchstens mit einem schwachen Nachklang von *i*, gewesen sein, während man *ai* schrieb; nur so erklären sich die im Folgenden zu besprechenden Schreibungen *a*, *â*.

Schon im Richtebrief (a. 1291) kommt zweimal *â* vor, 103, 4 *zwâ iâr*, 130, 3 *über an komen* (übereinkommen). Das Stadtbuch (a. 1385 —1392) habe ich vollständig darauf durchgegangen und folgende Fälle gefunden: *anander* (einander) V, 228, 10; 230, 20; *ertalt* (geurteilt) V, 228, 35; *viertal** V, 1, 23. VI, 246, 20. 25; 250, 37; 273, 46; 276, 18. 19. 20; 277, 19; 280, 7. 13. 15. 17. Bei H. Stockar (a. 1519—25) finden sich Beispiele auf jeder Seite, auch schon im Titel «bilgeri des halgen Grabs». Bei ihm ist noch Folgendes zu bemerken. Wenn neben den Schreibungen *a*, *ei*, *ai* auch das an sich unsinnige, aus *ai* umgestellte *ia* vorkommt, dieß *ia* aber auch für *â* angewandt wird, z. B. *Hubtmiann*, (Mann heißt mundartlich *ma*), so beweist dieß wol, daß an letzterer Stelle kein anderer Laut gemeint ist als an der erstern; in *hiad* (Heide, paganus), *stian* (Stein) wie in *Hubtmiann* wird eben *a* stecken.

In der gegenwärtigen Ma. stehen einander gegenüber *a*, etymologisch = mhd. *ei*, und das unter bestimmten Bedingungen zu *ei* diphthongisierte mhd. *i* (vgl. § 19); *a* kann so wenig an die Stelle von *ei* = mhd. *i* treten, als nd. obers. *ê* an die Stelle von *ai* = as. *i*. Wol aber geschieht das Umgekehrte. Das im Verlauf der Zeit und des Verkehrs etwas zurücktretende *a* wird nämlich, wenn dafür der gemeindeutsche Diphthong widerhergestellt wird, nicht wie ursprünglich als *ai* gesprochen, sondern dem *ei* = mhd. *i* gleichgemacht, in dessen Klangfarbe beim Schriftdeutschsprechen nhd. *ei* stets erscheint.

---

* Bei **viertal** und **anander** darf freilich nicht vergessen werden, daß a in unbetonter Silbe steht.

Meyer bemerkt a. a. O. 375 b, daß dieses $a = ei$ sich im obern Thurgau, im badischen Hegau und im Bregenzer Wald in $\dot{o}$ gesteigert habe. Aber auch die schaffhauserischen Grenzpunkte gegen den badischen Hegau zu bieten diese Erscheinung, demgemäß auch B, so daß ich einander tabellarisch gegenüberstellen werde S a, B $\dot{o}$.

Die Entstehung dieses $\dot{o}$ denke ich mir so, daß das aus mhd. ei entstandene a in der Folge der Zeit gleich behandelt wurde wie mhd. $â$ in denjenigen Mundarten, da dafür $\dot{o}$ haben. Das badische Hegau hat ja dafür au. Uebrigens zeigt sich auch in der Behandlung des neu entstandenen $\dot{o} = $ S $â = $ mhd. ei die Neigung des Hegauischen zur diphthongischen Spaltung; denn nach Meyer a. a. O. 375 b wird in Teilen des Hegaus (natürlich dem badischen Hegau) dieses $\dot{o}$ noch weiter zu oa «gequetscht», welcher Diphthong ja auch im Bair.-Oesterr. altes ai und ei vertritt (vgl. v. Muth S. 20).

Der Umlaut des $a = ai$ wäre eigentlich $\dot{e}$. So kommt er im Klettgau vor. In der Stadt scheut man sich vor diesen Formen und setzt entweder die unumgelauteten dafür oder die mit ei. Meyer bemerkt 375 b, daß vielleicht diese Unumlautung viel dazu beitrage, das alte $a = ai$ zu verdrängen. Im B erhält sich $\dot{o}$ reiner; auch wird der Umlaut dazu, $\dot{o}$, folgerichtig durchgeführt. So stünden einander also gegenüber:

Klettgau a, Uml. $\dot{e}$; S a, statt Umlauts a oder ei, B $\dot{o}$, Uml. $\dot{o}$. Beispiel s. S. 2.

Trotz der immer noch vorherrschenden Zahl von Wörtern, die mit a gesprochen werden, scheint doch schon seit den Aufzeichnungen Meyers ein Rückgang erfolgt zu sein. Die von ihm angegebenen Wörter und Wortformen, die mir und auch Andern unbekannt sind, setze ich in Klammern. Hinwiederum füge ich auch einige Wörter, die ich dort vermisse, bei. Für B wurden im Allgemeinen nur die S parallelen Formen berücksichtigt, ohne daß dieß notwendig die einzigen sein müßten. Es sei noch bemerkt, daß in B die Neigung herrscht, $\dot{o}$ vor Nasalen zu verkürzen (vgl. § 22, 5, b). Den Wörtern mit a, $\dot{o}$ folgen in der Tabelle solche, die nur ei zeigen, sei es daß sie, weil der Ma weniger geläufig, vielleicht nie a hatten, sei es daß sie es durch Modernisierung verloren; wo sich das Vorhandensein in der Gestalt a aus alten Quellen erweisen ließ, habe ich die betreffenden Formen zugesetzt. Die vorhin eingeklammerten Wörter führe ich, sofern sie mir bekannt sind, in der jetzigen Gestalt unter ei auf. B, obwol im Ganzen conservativer, hat doch manche

---

* Nach Hrn. Prof. Hildebrands Aussage hat der hintere Bregenzerwald sogar ua, z. B. $ituа$, Stein.

Wörter mit *ei* für S *a*, offenbar weil sie aus andern Mundarten entlehnt sind.

Die folgenden Conss. haben gewiß keinen Einfluß darauf, ob *a* (*ȯ*) oder *ei* vorausgehen soll; daß vor den in diesem Sinne von Meyer 367ᵃ aufgezählten Consonantenverbindungen *a* nicht vorkommt, beruht einfach darauf, daß hier überhaupt kein ursprüngliches *ei* steht. Ich habe deßhalb in der Uebersichtstabelle die einfache alphabetische Reihenfolge gewählt.

S *a*	B *ȯ*	S *a*	B *ȯ*
aᵫͥͥ, eigen	ȯgᵫ	gastᵫ, spucken	gȯstᵫ
agᵫtliχχ, eigentlich	[ȯχχli	als Gespenst	
aχχᵫ, Eiche	ȯχχᵫ, Dem.	(halgᵫ)Heiligenbild-	halgᵫ, Dem.
aχχᵫlᵫ, Eichel	ȯχχᵫlᵫ	chen, überh. Bild,	hȯlgili
aχχᵫrlì,Eichhorn	ȯhürnlì	in S nur hȯlgᵫ	
(aχχnᵫr, dass.)		(ha) ham, heim	hȯmm
amᵫr, Eimer	ȯmᵫr	di-hamᵫ, daheim	di-hȯmmᵫ
ann,einen, einer, ein	ȯnn	† hamᵫt-tsuᵫ,	hȯmmᵫt-
ani, eine	ȯni	heimatzu	tsuᵫ
as, eins	ȯs		hamouχχᵫ,
asmòls,aufeinmal	ȯsmòls		Heimchen,
ba, Bein, Pl. banᵫr	bȯ,Pl. bȯnᵫr		aus ham und
badì, beide (Neutr.)	beidì		mouχχᵫ,
blaχχ, bleich	blȯχχ		compon. wie
brat, breit	bròt		ahd. *mûhhei-*
(ᵫkassli) Eidechse	ekȯsslì		*mo*(vgl.Meyer
ahd. *egidchsa.*			351ᵃ).
ᵫla, allein	ᵫlȯ	hasᵫr, heiser	hȯsᵫr
ᵫlagᵫ, dass., wol auf	ᵫlȯkᵫ (k wol	hassᵫ, heißen	hȯssᵫ
auf ein ahd. *aleinigo*	wegen Abs.	hatᵫr, heiter (vom	hȯtᵫr
zurückgehend.	des Voc.)	Wetter)	
fal, feil	fȯl	i-k-wad,Eingeweide	i-k-wȯd
fass, mhd. veizet	fòss	kχann,kχanì,kχas,	kχȯnn,kχȯ-
flaᵫ, Fleisch	fleiᵫ	keinen (keiner)	ni
gafᵫr, Geifer	gȯfᵫr	keine, keins	kχȯs
ganᵫ, ahd. *geinôn,*	gȯnᵫ	χlabᵫ, mhd. kleiben	χlobᵫ
neben *ginôn*		la, mhd. *leim*	lȯ-grüᵫbli,
gaslᵫ, mhd. *geisel*	gȯslᵫ		Flurname,
gass, Geiß	gȯss		vermutl. zu
gast, Geist = Ge-	gȯst		verbessern f.
spenst.			Lägrübli
			Unoth 198

S a	B ó	S a	B ó
lab, Laib	lòb	ratle, Wippe	reitlete
lad, leid	lòd	ratle, auf einer	reitle
tslad wèrχχe, zu	tslòd wèrχ-	Wippe schaukeln	
leid tun,	χe	saχχ, mhd. *seich*	sòχχ
fer-t-ladet,(ver-)	fer-t-lòdet	saχχe, mhd. *sei-*	sòχχe
entleidet		*chen*	
k-lnt, gelegt, mhd.	kl-lòt	saχχele, nach	sòχχele
geleit		Urin riechen	
a-lange, mhd. *leinen*	a-lòne	sal, Seil, Pl. saler	sòl, sòler
†latče,sich breit hin-	lòtče	supfe, Seife	sòpfe
setzen, -legen, zu		k-sat, gesagt	k-sòt
liegen?		satle, F., Scheitel	sòtele
mane, meine	mòne	(slapfi) liederliche	
manlnn, Meinung	mòninn	Weibsperson	
manndig, meineidig		slapfe, schleifen	slòpfe
(Bekräftigungswort)		Slate, Schleitheim,	Sleite (weil
k-mand, Gemeinde	k-mònd	Kt. Schaffhausen	weiter entf.)
name, mhd. *neizwie,*	nòme	sta,Stein, Pl.stein	stò, stò
aber auch für *ne*		straχχ, Streich	stròχχ
weiz wâ		strapfe, strcifen	stròpfe
namert,mhd.*neiz-*		strapfe, Streifen	stròpfu
wër		tale, teilen	tòle
namiss,mhd.*neiz-*		'trat, trägt, getra-	tròt
waz (vgl. d. Art.		gen (also sw. flec-	
neiss, Prob. z. Id.		tiert	
55 ff.)		tsane, ahd. *zeina*	tsòndle
naa, mhd.*neinâ* (dieß	naa	tswa, mhd. *zwei*	tswò
auch d. Meinung		wadlinn,mhd.*weid-*	
Meyers 350 b)		*linc*	
ra, Rain	rò	wass, weiß	wòss
(ra),Adj.rein=klein-	.	oftauchnachAnal.	wùrmòsle,
gehackt		der übrigen Vbb.	auch v. Meyer
raff, mhd. *reiff*	ròff	wasse.	359 b hieher
(rase), Tragband	ròse		gerechnet.
S ei	**B ei**	**S ei**	**B ei**
beiste, keuchen	bòste	beilos, heillos (Sto-	heilos
geist (der heil. Geist)	geist	ckar halig)	
be-gleite, begleiten		heitse (echt mund-	
heid, Heide, Stockar	heid	artlich füre,	
Haden		feuern), heizen	

S *ei*	B *ei*	S *hi*	B *ei*
χeib, mhd. *keibe*		s̓eidę, 1. scheiden, s̓o̤dę	
kχeiser, Kaiser,	kχeisęr, aber	d. i. gerinnen von	.
Stockar kaser	in dem bad.	d. Milch. 2. schei-	s̓eidę
	Murbach	den = eine Ehe	
	kχòsęr	lösen	
kχleidęr, Kleider,	kχlòder	s̓eię, Zaunpfahl, Sei-	s̓eię
Stockar Klader		ler 250ᵃ Schaiche	
leiśtę, Leist	lòstę, leiśtę	śteig, als Name einer	
mei, Mai	mei	Vorstadt, ahd.	
meisę, Meise		*steiga*	
meisļ, mhd. *meiʒel*		tseiχχę, Zeichen	tsòχχę
meiśt, der, die, das	merśt	tseiχχnę, zeichnen	tsòχχnę
meiste		weibļ, mhd. *weibel,*	weibļ
meiśter, Meister	meiśter	Klettgau wąbļ,	
meitlı̀, Dem. v. mhd.	meitlı̀, Mur-	weiblę, Propa-	
meit	bach mòtlı̀	ganda machen	
rein, rein		weid, Weide	wòd; wo̤dę,
reisę, reisen	reisę, Mur-		weiden
	bach ròse		

Anmerkung 1. Wie für die Form mit *a* die mit *ei* hergestellt wird, so tritt apokopirter Nasal auch wieder an seine Stelle, z. B. *ita̲,* Pl. *s̓tein.*

Anmerkung 2. In halgę, S hèlgę und hamouχχę (*müheimo*) hat auch B *a* (resp. gekürzt *a*) für *ei* statt des erwarteten *ò.* Wahrscheinlich sind eben diese Wörter aus einem Nachbardialekt, vielleicht dem ältern schaffhauserischen, herübergenommen. Ebenso in *naą.*

Anmerkung 3. Bisweilen wird nach gekürztem Vocal in' B der folgende Nasal verdoppelt: dı̀-hòmmę, daheim. Damit ist nicht zu verwechseln ònn, kχònn, S ann, kχann, da *nn* hier aus stammauslautendem *n* und dem Casus-(ursprünglich Acc.-) Suffix zusammengesetzt ist. Uebrigens bemerkt man, daß auch S hier Kürzung hat; über diese Fälle, sowie über die Kürzungen vor harten Conss. vgl. § 22, 5, b.

Anmerkung 4. Die von Meyer unter *a* nicht angeführten Wörter sind besternt.

§ 16. Mhd. *is* und seine Brechung *ie*.

Ein lebendiges Verhältniss zwischen beiden existiert nicht mehr, ist doch bei den abl. Verbis der *u*-Cl. der ungebrochene Laut in allen Formen, im Pl. sowol als im Sg. Ind. Præs. durchgedrungen, wie umgekehrt in andern Mundarten, so der baslerischen, der gebrochene Laut die Oberhand erhielt. Ich habe einfach einander gegenüberzustellen die Wörter mit $\ddot{u}$ und mit $i\ddot{c}$, die den mhd. Formen meist entsprechen. Die mit $\ddot{u}$ gebe ich vollständig, da sie mehr im Gegensatz zum Nhd. stehen, das entweder Diphthongisierung in eu eintreten ließ (wobei vor r sich unorganischer Vocal einschlich) oder, vielleicht um diesem Diphthong auszuweichen, der gebrochenen Form mit $i =$ mhd. ie den Vorzug gab; nur in *lügen, trügen* entspricht dem ungebrochenen undiphthongisierten Vocal der Ma. auch nhd. $\ddot{u}$. Unter ie werden nur die dem Nhd. fremden oder mit ihm im Gegensatz stehenden Wörter aufgezählt.

Zunächst seien hier die abl. Verba der u-Cl. mit germ. iu, S $\ddot{u}$ als Stammvocal vermerkt. (Die Partt. der 6. Ablautsreihe s. S. 26): frūrẹ, ì frūrẹ, dù frūrst, ẹr frūrt, mẹr frūrẹd), frieren (ich, du, er, wir frieren) fẹr-lūrẹ, verlieren, χlūbẹ, kneifen (mhd. *klieben*), šūbẹ. schieben (aber šiẹbẹ, scherzweise für fortgehen, weil man dabei nhd. schieben in Auge hatte), šlūffẹ, mhd. *sliefen*, südẹ,* sieden, ạ-būtẹ, anbieten, k-nūssẹ, geniessen und ganz nach Analogie dieses das ursprünglich sw. Vb. nūssẹ, niesen; p-šlūssẹ, beschliessen $=$ schliessen, verstärkt k-šplūssẹ, eigentlich ge-be-schliessen, mit wunderlicher Umsetzung des p-($=$ be-) und des š; šūssẹ, schießen, b-šūssẹ, auftragen, wol ausgeben, z. B. von einer Speise; fẹr-trūssẹ, verdriessen, būgẹ, biegen, flūgẹ, fliegen, lūgẹ, lügen, bẹ-trūgẹ (nicht gut mundartlich, dafür p-šissẹ, zu mhd. *schizen*), χrūχχẹ, kriechen. Hieher eigentlich auch rūχχẹ, mhd. *riechen*, aber dieses ist sw. V. 1 geworden und hat die Bedeutung von mhd. *rouchen* übernommen, während hinwiederum diese gesteigerte Form. jetzt nur vom Tabakrauchen gebraucht wird, für olere wird die aus dem Nhd. herübergenommene Form riẹχχẹ, Part. k-roχχẹ, verwandt; der eigentlich mundartliche Gebrauch dafür ist šmükχẹ, schmecken.

Schließlich noch zwei Verba nach dieser Ablautreihe, bei denen der Stammvocal $\ddot{u}$ mit dem der Endung $ẹ$ zu dem Diphthongen $\ddot{u}ẹ$ zusammengezogen ist. Zunächst das nur im Imp. vorkommende fliehen: 2. sg. Imp. flüẹ, 2. Pl. flüẹẹd, $=$ mache (macht) daß du wegkommst (daß ihr wegkommt)! Weit interessanter ist tsüẹ, ziehen; dieses einzig hat' im Pl. (aber also nicht im Inf.) die gebrochene Form erhalten. Im Sg. gibt es eine contrahierte und eine uncontrahierte Form; erstere hat zugleich

---

nach Analogie des Pl. gebrochenen Vocal, letztere (die altertümlichere) ungebrochenen. So sind die Hauptformen dieses Zeitworts folgende:

Ind. Præs. 1. Sg. | tsûχχ — tsię | 2. Sg. | tsûχət — tsiešt | 3. Sg. | tsûχt — ttięt |

1. 2. 3. Pl. tsięnd. Inf. tsüę; Imp. | tsûχχ — tsüę |, Pl. tsięnd; Conj.
Præs. tsûχχı, -ıšt, -ı, -id.

Stellen wir nun zusammen

1. Die Wörter mit mhd. (germ.) *iu*, S *ú*: bǔlę, Beule, drǔ, mhd. *driu*, für, Feuer, grǔbę, Pl., mhd. *griebe*, ahd. *griupo*, hǔ-ròte, heiraten, zu mhd. *hiurât*, neben *hirat*, k-hǔr, geheuer, χnǔ, Knie, lürę, St. II, 196 Lüre, I, 180 Ankenraune, lǔt, Lente, nǔ, neun, rǔbis und štǔbis, Stumpf und Stiel, vgl. «das Brot» etc. 190, sǔrę, St. II, 420, Süre, ahd. mhd. *siure?* štǔff-, Stief-, štǔrę, sǔ, scheu, tǔf], Teufel, tür, teuer, tǔtę, deuten, tǔts, deutsch, ǔlę, Eule.

2. Beispiele für mhd. *ie*, S *ię*, briękę, wol zu mhd. *brieke*, Verzerrung des Gesichts, grię, mhd. *grien*, grięs, ahd. *grioz*, hię, hier, ięts, jetzt, lięderlıχχ, liederlich, prięštęr oder prięšš, vgl. «Das Brot» etc. S. 90 Biest- oder Briestmilch, das Petters von brauen ableitet.

Anmerkung 1. Gekürzt erscheint *ú* in hıt, heute, und nûnt, gemeinschweiz. nǔt, mhd. *niuwet, niuwent.*

Anmerkung 2. Diphthongisiert ist *ü* auslautend (vgl. § 19, 3) in den Wörtern nöü, neu, öü, euer, tröü, treu.

Anmerkung 3. *diu* erscheint als dię, wol nach Analogie der Masc. pl. Die Endung -iu des Adj. hat sich in *i* geschwächt, ebenso das Fem. Pron. d. 3. Ps. sı, sie.

Cap. II. Vocalische Wandlungen.

§ 17. Umlaut.

Der Umlaut, gegen den sonst das Alemannische in gewissen Fällen eine Abneigung zeigt (so entzieht sich ihm die 2. 3. Sg. Ind. Præs. der sonst hier umlautenden Verba, ferner *u* vor gewissen Conss., vgl. mhd. Gr. § 48) hat doch durch das Umsichgreifen an Orten, wo er nicht hingehörte, in der jetzigen Mundart eine sehr große Ausdehnung gewonnen. Bei der Zerrüttung der Flexionsformen, namentlich der nominalen, muß dieser irrationale Umlaut zum Ausdruck syntaktischer Beziehungen beitragen.

Uns beschäftigt

1. Organischer Umlaut.

a) In Resten der fem. i-Decl.

Das mhd. Verhältniß ist noch gewahrt in s ụ l, Pl. s ụ l ẹ, mhd. *súl*, Gen. *siule*. Ohne Endung im Pl. und in S mit Umlaut, in B ohne solchen, stehen da: nùss, S Pl. nừ s s, B nừ s s, mhd. *nuz*, Gen. *nửzze* und *nuz*, s ụ, S Pl. söü ẹ, B souẹ, ahd. *sü*, Gen. *sûwi*. hừ f t, Hüfte, mhd. *huf*, Gen. *hüffe*, hat keinen Plural, folglich auch keinen Umlaut. Die Casus obliqui des Sg. unterscheiden sich vom Nom. nur noch in einigen unverstandenen Fällen: n è χ t, verwichene Nacht (Dat?), hi n ẹ χ t, mhd. *hî-nacht* und *hî-necht* (alter Instrumentalis). Ein Dat. Sg. muß auch stecken in: a dẹr wị-nèχtẹ für mhd. *ze wîhen nahten*. Nach diesem Dat. wurde denn auch der Nom. sg. t' wị-nèχtẹ, die Weih-nacht, gebildet.

b) in einigen Adjj. und Advv. nach der adjectivischen i-Decl.

Dieser Umlaut, der in andern Schweizermundarten verbreiteter ist (vgl. «Das Brot» etc. 36, Anm. 1), wurde in S ohne weiteres vom Adj., dem er allein zukäme, auf das Adv. übertragen; ja einmal hat ihn gerade zum Unterschied von dem unumgelauteten Adj. das Adv. Die Fälle sind: h e r t, ahd. *harti*, mhd. *hart*; r ụ ̈ s s, spröde (welche Form «das Brot» etc. 37, Anm. 1 als Umlaut von *rasch* bezeichnet, mit Trübung des *e* zu *ö*. Vgl. mhd. *resche* neben *rasch*, Schm. 2, 156 *roesch*, *rêsch).* Das genannte Adv. ist g è r, ahd. *garo*, schon altalem. gerwe neben garwe, vgl. Gr. Wb. 4¹, 1312, das eigentlich beim unorgan. Uml. hätte aufgezählt werden können, neben dem Adj. g ạ r, ahd. *garo*. Nun ist dieß ja allerdings kein *i*-Stamm, aber das Adv. wurde doch demgemäß behandelt.

c) Im Inf. einiger sw. Vbb. 1, im Gegensatze zum Nhd.

χöü ẹ, kauen, ahd. *kiuwan*, χretsẹ, tr., mhd. *kretzen*, woneben auch *kratzen*, ahd. *chrazzôn*, in intr. Bedeutung S χratsẹ, rüẹffẹ, sw. V. 1, rufen, nhd. bisweilen noch Præt. «rufte», got. *hrôpjan*, ahd. *ruofan*, mhd. *rüefen* — (das im Nhd. überwiegende st. V. ist nicht gut mundartlich.), s è g ẹ, ahd. *seggen*, ầwètsẹ, nach Weig. früh mhd. *swasan*, 1429 *swätzen*, nhd. *schwatzen*.

d) In den Præteritopræsentien der geschwächten A-Classe.

Veranlassung zu diesem im Alem. schon früh auftauchenden Uml. (vgl. AGr. § 378—382) gab vermutlich die zu -*in* geschwächte Infinitiv-Endung, wie sie im flectierten Inf. von S noch hervortritt. Ich führe daher diese schon aus einem andern Grunde S. 45 angezogenen Verba nicht in der Form des unflectierten, sondern des flectierten Inf. auf:

ts χȯnld, zu können, ts sülid, zu sollen, ts mȯgld, zu mȯgen, ts
tȯrld (zu mhd. *turren, törren*) und ts törffld, zu dürfen (die beiden
letztern in der Bedeutung zusammengefallen). Ohne Umlaut und Brechung
dagegen gùnnę, gȯnnen.

e) In den Verba contr. und denen ohne Themavocal.

Der Pl. Ind. Præs. lautet in allen umlautsfähigen Verba contr., sowie bindevocallosen, um; daran ist vielleicht wieder eine früher so an-
zusetzende geschwächte Endung mit *i* Schuld. Flexions-*i* liegt auch bei
dem ebenfalls umgelauteten Conj. Præs. zu Grunde, wo sogar die Ur-
sache noch klar hervortritt, da sich hier wirklich *i* zeigt (nur daß dieses
nicht degeneriertes, sondern nach AGr. § 343 das ursprüngliche Conj.-*i*
ist); ja man könnte zu der Erklärung geneigt sein, daß sich vom Conj.
der Uml. auf. den Pl. Ind. übertragen habe.

Wir haben also:

nach der II. abl. Cl.

χȯmęd, Pl. Ind. Præs. v. kommen, χȯmì, -lśt, ìd, 1. 3. 2.
Sg. Pl. Conj. Præs. (vgl. Gr. Wb. kommen I, 2, d).

nach der IV. abl. Cl.

ślȯnd, der Form nach mhd. *slânt*; ślȯ̀ì, mhd. *slahe*
śtȯnd, „ „ „ „ *stânt*; śtȯnd, mhd. *stâ*, frühschweiz.
(AGr. S. 323) *slœ, slœi.*

nach der I. red. Cl.

fȯnd, der Form nach mhd. *fânt*; fȯ̀ì, mhd. *vâhe*
gȯnd, „ „ „ „ *gânt*; gȯ̀ì, oder gȯ̀ñ, mhd. *gâ*
lȯnd, „ „ „ „ *lânt*; lȯ̀ì oder lȯ̀s, mhd. (wenig-
              stens al.) *lâ*

Sw. Vb.

hȯnd, „ „ „ „ *hânt*; hei, Pl. hebìd oder heiìd,
          B hȯnd   mhd. *hâ* (selten), *hân.*
Auch heśt, hȯt, hast, hat.

Vb. ohne Themavocal:

tüęnd,   mhd. *tuont*, tüeì, mhd. *tuo.*

f) in vereinzelten Fällen.

Wir haben es hier mehrfach mit speciell mundartlichen Wortformen
und -Bildungen zu tun, die den Umlaut bedingen (z. B. durch zu *i* ge-
schwächtes *e*), dann auch mit solchen, bei denen die Umlautsgesetze con-
sequenter gewirkt haben als im übrigen Deutschen. Die Fälle sind:
Bèbę, Dem. Bębìlì, Barbara, bèrędịs, Paradies, als Ortsname (frühe-
res Kloster bei Schaffhausen), bèsì, Base, bùsìlì, Dem. von bùslę,

Katze, ę̀rbltll, Dem. von Arbeit, gȯtl, mhd. *göte*, χèml, Kamin, 15. Jahrhundert *kämet*, χlǫrl, Amelmehl zum Klarmachen, d. i. Stärken der Wäsche, χûssl, Kissen, ahd. *chussin, chussi,* mhd. *küssen,* χûtslę, kitzeln, ahd. *chuzilön,* Hunz. 160 chuzle, mę̀ntlg, mhd. *mântac, mœntac,* öb, ob, söt, sollte, auch noch sȯtl (Conj.-i), k-śpèssig, Schm. II, 686 spassig, tu̇śtlg, dunstig, wèr-haftlg, wahrhaftig (zu dem *i*-Stamme von *wâr* ahd. *wâri,* mhd. *wære*).

Folgende Zusammensetzungen zeigen gleichfalls den Uml.: hòmpflll, Dem. von hampflę, F., eine Hand voll, und mûmpflll, Dem. von mùmpfl, st. M., einen Mund voll.

Nur scheinbar haben Umlaut: mòrkχt, mhd. *market,* ahd. *marchat,* daneben *merchat* (lat. mercatus), auf welche Form die von S wol zurückgeht, und tswèntsg, mhd. *zweinzec, zwènzec;* daneben tswantsg, wol aus dem Nhd.

2. Unorganischer Umlaut.

a) Umlaut zur Bezeichnung des Pl.

Da in der masc. *a*-Decl. durch Wegfall des *e*, in der masc. *n*-Decl. durch Wegfall des *n* der Pl. meist dem Sg. gleich geworden war, so fühlte man das Bedürfniß, an Stelle der äußern Flexion eine innere treten zu lassen, und dazu bot sich nun vortrefflich der Umlaut dar, den die *i*-Stämme schon besaßen. So durchgreifend ist dieses Verfahren, daß W. S. 169 die Umlautung als einen Unterscheidungsgrund für die Declinationsformen benutzt. Verwunderlich ist nur, daß bei der neutralen *a*-Decl., sowie bei der femininen *a*- und *n*-Decl., wo ebenfalls Gleichheit der beiden Numeri eingetreten war, dieser Weg nicht eingeschlagen wurde.

Die Schriftsprache, die dessen freilich auch nicht in so vielen Fällen bedurfte, hat nur selten im Pl. zum Umlaut gegriffen; dagegen heißt es auch im Bair. Tăge, Wăgen (vgl. über diesen Umlaut v. Muth S. 17.) 'Ich stelle im Folgenden den mundartlichen Formen die der Schriftsprache nach Weig. gegenüber.

a) Umlaut im Pl. der masc. *a*-Decl.

ǫrm, ę̀rm, Arm, —e, hag, heg, Hag, —e, halm, hòlm, Halm, —e, haśpl, hèśpl, Haspel, —, hùnd, hûnd, Hund, —e, lùg, lûg, Lüge, F., mhd. *luc,* rañkχ, rèñkχ, Rank, Ränke = Biegung des Wegs, śùrts, śûrts, Schürze F., mhd. *schurz,* tag, tèg, Tag, —e, (bisw.), doch Tag als Termin Pl. tag, tòrn, tȯrn, Dorn, Dornen, tsukχęr, Zucker, Pl. tsûkχęr, Stücke Zucker.

β) **Umlaut im Pl. der masc. n-Decl.**

bogę, bǒge, Bogen, — und Bögen, brûnnę, brûnnę, Brunnen, —, fanę, fènę, Fahne, —n, F., ahd. *fano,* grabę, gràbę, Graben, Gräben, hòkę, kòkę, Haken, —, huffę, hüffe, Haufen, —, χastę, χòstę, Kasten, — χlobę, χlǒbę, Kloben, —, χnodę, χnǒdę, ahd. *chnodo,* χnollę, χnǒllę, mhd. *knolle,* sw. M., χolbę, χǒlbę, Kolben, —, χragę, χrègę, Kragen, — und Krägen, ladę, lèdę, Laden, Lüden, magę, mògę, Magen, — und Mägen, namę, nèmę, Namen, —, pfoštę, pfǒštę, Pfosten, poštę, pǒštę, Posten, —, šoχχę, šǒχχę, mhd. *schoche,* šolle, šüllę, Scholle, F., ahd. *scollo, scolla,* tòpę, tòpę, mbd. *tôpe,* tròmmę, trùmmę, mhd. *drûme,* tsapfę, tsèpfę, Zapfen.

Nach Analogie der masc. n-Decl. gehen mit Umlaut im Pl.: tòχtę, tòχtę, Docht, —e, amhd. *tâht,* N., tolkę, tǒlkę, Fleck, ahd. *tolc,* st. M. N. (= Wunde). Als sw. Masc. werden wegen ihrer Mehrsilbigkeit auch empfunden: hagę, hègę, Zuchtstier, zu Hagen, — = Hag, ahd. *hagan,* st. M., wagę, wègę, Wagen, —, ahd. *wagan.*

b) Sonstiger unorganischer Umlaut im Pl.

Die Verwandschaftsnamen haben fast durchwegeinen Pl. nach der sw. Decl. und außerdem den Umlaut, so weit sie dessen fähig sind: fatęr, fètęrę, Vater, Väter, ahd. *fater,* mhd. Pl. *vater* und *veter,* muętęr, müętęrę, Mutter, Mütter, šwògęr, šwǔgęr, Schwager, Schwäger. In zwei Fällen hat sich sogar der Umlaut auf den Sg. übertragen: brüędęr, brüedęrę, Bruder, Brüder, spät mhd. Pl. auch *brüeder* und töχtęr, töχtęrę, Tochter, Töchter.

c) Umlaut in st. Fem. auf altes -â (oder jâ?) vor der Consonanten-
verbindung iš = ahd. sk.

èšsę, Asche, mhd. *asche, esche,* flòšsę, Flasche, mhd. *vlasche, flesche,* tèšsę, Tasche, mhd. *tasche, tesche.*

d) Umlaut im Inf. von Verbis.

α) In Vbb. nach der IV. abl. Classe: trògę, tragen, wèšsę, mhd. *waschen, weschen.* Es scheint, als ob auch hier folgendes šs umlautwirkend sei. Oder sollte alte *j-*Bildung vorliegen wie in mehreren Zeitwörtern dieser Classe?

β) In reduplicierenden Verbis: fellę, fallen.

γ) In sw. V. 2 (ahd. 2. 3): blüętę, bluten, ahd. *bluôtên,* frògę, fragen, ahd. *frâgên, frâgón,* χlǒpfę, (ö für e) ahd. *chlophôn,* lèññe, ahd. *langên,* nhd. *langen* (wol nach mhd. *lengen,* das aber

nicht vorkommt); dagegen p-laṅṅẹ, verlangen, sẹgẹ, sägen,*
ahd. *sagôn, segôn,* Hunz. 214 sage, trüχχnẹ, trocknen, trocken
werden, mhd. *truckenen,* ahd. *trucchenôn,* ganz wie das Trans.
tröχχnẹ, mhd. *trückenen,* ahd. *truchanan.* Dazu das auch nhd.
sẹ̀mẹ, schämen, nhd. *scamên,* wetterauisch (s. Weig. 2, 558)
schamen.

δ) In vereinzelten unbestimmbaren Fällen: dört, ahd. *doret, thoret,*
mhd. *dort,* grù̀ss, Kleie, ital. *crusca,* vgl. «Das Brot» etc. 62,
Anm. 2, öpf] (ö für *e*), ahd. *aphul,* mhd. *apfel* (Pl. *epfel,* nach
Analogie dessen wahrscheinlich unsere Form), snȯ̀rẹ, neben
snȯ̀rẹ, St. II, 344 Schnorre, Schnörre.

3. Fehlen des Umlauts.

a) Nicht umgelautetes u (vgl. mhd. Gr. § 48, AGr. § 29).

Ich führe nur die im Nhd. nicht vorkommenden Fälle an.

α) Vor *k, kχ, χχ:* brùk, Brücke, bùkχẹ, bücken, jùkχẹ, jucken,
jücken, χrùkχẹ, Krücke, lùk, locker, mhd. *kücke,* lùkẹ, Lücke
und Lucke, mùk, Mücke, rùkẹ, Rücken, ts rùk, zurück,
stùkχ, Stück (B sogar stùkχ̀ì), und trotzdem kein Umlaut),
trùkχẹ, drücken.

β) Vor *pf, ts:* lùpfẹ, mhd. *lupfen, lüpfen,* slùpfẹr, wo man hin-
einschlüpft, d. i. Muff, fẹr-strùpfẹ, St. II, 411, zu mhd. *strupfen,*
stùpfẹ, mhd. *stüpfen, stupfen,* sùpfẹ, mhd. *schüpfen,* schupfen,
nùts, Adj., nütze, nùtsẹ, nutzen und nützen, ahd. *nuzzôn* und
† *nuzjan.*

γ) Vor gekürzter Liquida: bùrdì, Bürde, ahd. *burdi,* bùrgẹ-
meister,** Bürgermeister, ferùmpflẹ, faltig, runzlicht machen,
hù̀rd (Hürde) Gestell, Schaft im Keller, mùntsìg, winzig, sùlts,
N., Bratenfett, gelée, mhd. *sülze, sulze* (= Salzbrühe), stù̀rtsẹr,
zu mhd. *stürze,* Stürze, Deckel.

δ) Im Conj. Præt. der 1. abl. Cl., soweit er nicht anderweitiger Analogie gefolgt ist: fù̀nd, mhd. *vünde,* sù̀ñ, mhd. *sünge,* sprù̀ñ,
mhd. *sprünge,* kù̀mpf, von mhd. *schimpfe, schampf* etc., stù̀rb,
stù̀rbe, wù̀rd, *würde,* wù̀rff, mhd. *würfe;* daran schließt sich:
wù̀st, mhd. *wüste,* neben *wiste.*

Anmerkung. Die einzigen *ü* vor *k, kχ, χχ* sind: bù̀kχì, N., St. I, 238,
Bùcki, glù̀kχ, Glück.

---

* Gleichlautend mit sẹgẹ, ahd. *seggen,* weßhalb bei uns Kindern folgendes
Wortspiel im Umlauf war: A. Sọ, iχχ sẹg ẹs (dem Vater, der Mutter), so, ich
sage (säge) es. B. Und ìχχ tuẹ's spạltẹ, und ich tu' es spalten.
** Wol von mhd. *burc,* Gen. *bürge,* nicht von *Bürger* abzuleiten.

b) Fehlen des Umlauts in der 2. 3. Pers. Ind. Præs.

2. abl. Classe: χ ù n s̓ t, χ ù n t, kömmst (kommst), kömmt (kommt). —
4. abl. Classe: b a χ s̓ t, b a χ t, bäckst, bäckt, f a r s̓ t, f a r t, führst, führt,
grap s̓ t, grapt, gräbst, gräbt, lat s̓ t, lat, lädst, lädt. — 6. abl. Classe:
s u f s̓ t, s u ft, säufst, säuft. — 1. red. Classe: fan̄ st, fan̄ t, fänget, fängt,
h a l t s̓ t, h a l t, hältst, hält, lò s̓ t, lò t, lüssest, lässt. — 2. red. Classe:
b l ò s l s̓ t, b l ò s t, blüsest, blüst, p r ò t i s̓ t, p r ò t, brätst, brät, s̓ l ò f s̓ t,
s̓ l ò ft, schläfst, schläft; s̓ t o s s l s̓ t, s̓ t o s s t, stößest, stößt. — 5. red. Classe:
l o u f s̓ t, l o u ft, läufst, läuft.

c) In einigen Advv. zu ahd. Adjj. auf -i.

s̓ p ò t, spät (darnach auch das Adj. s̓ p ò t), mhd. Adv. *späte*, Adj.
spæte, s̓ u, schon, wie allerwärts nicht mehr als Adv. zu s̓ ó, schön, empfunden, mhd. Adv. *schône*, Adj. *schoene*.

d) In einigen Deminutiven.

A n l l i, Aennchen, m a n n l i, Männlein. Dann namentlich in der
Kindersprache oder der Sprache mit Kindern: b a b i l i, Dem. von b a b ę,
Puppe, mhd. *bâbe* (= altes Weib), h a n d l l i, Händchen, s̓ a t s l l i,
Schätzchen.

e) Allerlei Fälle von Nichtumlaut gegenüber dem Nhd.

f ò r ę, Föhre, mhd. *forhe*, f ò r s̓ t e r, Förster, f ù f t s e ę, f ù f t s g, fünf-
zehn, fünfzig, neben f ü̱ f, fünf (so auch obers.), f ę r-g a l s̓ t ę r ę, scheu
machen, ahd. *galstarón*, incantare, h o g ę r, Höcker, mhd. *hoger*, χ r a t ę,
sw. M. neben χ r ę t s ę, F., ahd. *cratto* und *crezzo*, t r ò m m ę, träumen,
mhd. *troumen*, r u ę b ę, Rübe, s a b], Säbel, u t ę r, Euter, mhd. *ûter*, *iuter*,
ahd. *ûtar*, w ù l l i, mhd. *wüllîn*.

4. Der sog. Rückumlaut.

Die Analogie des Infinitivs hat diesen zurückgedrängt, so daß
er auch nicht einmal da, wo ihn das Nhd. bewahrt hat, nämlich in den
Verbis, deren Stamm auf *enn* ausgeht, erhalten ist. Dasselbe im Bair.
(vgl. v. Muth S. 17). Es heißt in S 'k χ è n n t, gekannt, 'p r è n n t, ge-
brannt, k-r ò n n t, gerannt. Dagegen erscheint einmal der Rückumlaut,
wo er dem Nhd. fehlt, und zwar in einem Verbum mit stammauslautendem *m*: u-f ę r-s̓ a n t, unverschämt, vgl. mhd. *ungeschamt*.

§ 18. Trübung.

Die unter Einfluß eines Labials, ferner von *s*, *l*, *r* oder verschiedener dieser Factoren zusammen bewirkte Verwandlung eines *e* in *ö*, *i* in *ü*, *i̯* in *ü̯*, *ei* in *öü*, die sich sporadisch im Nhd. findet, hat in der Ma. einen ziemlich weiten Umfang angenommen. Von *e̊* ist regelmäßig die Trübung *ö̊*, von *e* *ö*, gleichviel ob *e* oder *e̊* Umlaut oder Brechung seien. Da ich die Trübungen von *e* und *e̊* als den reinen Vocalen gleichwertig bereits bei der Besprechung des *e* mit aufgeführt habe, so werde ich hier nur, wo es notwendig ist, auf die amhd. Form hinweisen.

1) *e* erscheint als *ö̊*:

fö̊rm, tüchtig, fest (nach «Das Brot» etc. 93 Anm. 1 aus dem frz. ferme), frö̊md, fremd, trö̊ffę, treffen, worę, werden, neben wę̊rde, wö̊rffę, werfen.

2) *e* erscheint als *ö*:

höll, Hölle, mhd. *helle*, löffļ, Löffel, mhd. *leffel*, lö̊š š ę, löschen, mhd. *leschen*, öpęrt, mhd. *elewēr*, öpis, mhd. *elewaχ*, öpp, mhd. *ele-wenne*, *elwâ*, öpfļ, Apfel, wahrscheinlich nach dem Pl. mhd. *epfel*, rö̊ss, spröde, š mök χ ę, namentlich = riechen, šöpfę, schöpfen, mhd. *schepfen*, š tö̊ltsę, sw. M., Steltze, š wü̊š t ę r, Schwester, trö̊š š ę, dreschen, ts wölf, zwölf, mhd. *zwelf*, wörmęr, wärmer, wö̊š š, Wäsche; in der Zusammensetzung: wöfļ, wie viel, neben we, wie.

3) *i* erscheint als *ü*:

brüllę, Brille, bü̊tš i̯ ęrę, petschiere, 1440 *pitscheren*, günnę, gewinnen, hü̊pę, F., ein Gebäck, s. Schm. II, 1139, Hippen, B χ lü̊mmę, klimmen, mü̊š š lę, mischen, die Karten, pfę̊ffęr̯mü̊nts, Minze, lat. mentha, pfnü̊sļ, Schnupfen, mhd. *pfnisel*, rü̊nnę, rinnen, š tü̊gęlę, sw. V. 2, stolpern, wahrscheinlich von mhd. *stigele*, Pflock, š wü̊mmę, schwimmen, ts wü̊š š i̯ d, zwischen, wü̊mmlę, ahd. *windemôn*, Schm. II, 955 windemen, wimmen, wü̊rbļ, Wirbel, fęr-wü̊rę, verwirren, wü̊rt, Wirt, wü̊rd, wü̊rš t, wü̊rt, mhd. *wirde, wirdest. wirdet*, wü̊š š ę, wischen, fer-t-wü̊tš ę, erwischen, ü̊ mis, Mittagessen, Imbiß.

4) *i̯* erscheint als *ü̯*:

hü̯-rò̊tę, heiraten, auch heuraten, mhd. *hirat* und *hiurât*, zu ahd. *hîwan*, rü̯ter, mhd. *riter*, nhd. Reiter und (15. 16. Jahrh.) Reuter.

5) *ei* erscheint als *öü*.

hüüssę, heischen, pöütšę, Peitsche, špöütslę, Weiterbildung von ahd. *spiwan*.

§19. Diphthongisierung der alten Längen *î, û, ü̂*, zu *ei, ou, öü*.

S hat als nordostalemannische Ma. stammauslautende oder sonst in offener Silbe stehende mhd. *î, û, iu* (germ. *iu* und *iu* durch Umlaut) in der von Staub, F. M. 7, 198—199 beschriebenen Weise zu *ei, ou, öü* verwandelt. Mhd. *ou, öü* werden von den so entstandenen neuen Lauten nicht mehr geschieden, wol aber mhd. *ei* (vgl. § 15), das regelmäßiger Weise *a* ist; wo aber dieses aufgegeben wurde, lautete der alte Diphthong ebenfalls gleich wie der neue.

In Zusammenstellungen, besonders wenn deren Bestandteile nicht mehr klar erkannt werden, hat sich öfter der lange Vocal erhalten, hie und da auch sonst im Auslaut, während vor Suffixen in denselben Wörtern die Diphthongisierung eintrat.

1) *î* erscheint als *ei*:

bei-spîl, Beispiel, aber merkwürdigerweise dę-bi̯, dabei (doch B dę-bei), beięl, Beil, ahd. *bial*, ge-deię (nicht gut mundartlich) gedeihen, drei, mhd. *drî* (mhd. *driu* heißt dr ü), aber dri-tseni, dri̯ssg, dreizehn, dreissig, -ei = mhd. -*ie* in souęrei, tîranei, Sauerei, Tyrannei u. a., frei, frei, (aber fri̯-lì, freilich), gèięr, Geier, mhd. *gîr* (auffallend neben fü̂r, Feuer), k-heię, 1) werfen, 2) fallen, aus dem Begriff von stuprare entwickelt, zu mhd. *hîwen*, sei, sei, mhd. *sî*, šneię, schneien, šreię, schreien, d. i. weinen, fęr-tseię neben fęr-tsię, verzeihen, tsweię, mhd. *swien*, pfropfen, wei, Weihe, mhd. *wie* (aber B wi̯-dięb, der Weihe als Hühnerdieb gedacht), i̯-weię, einweihen (aber wi̯-nèχtę, Dat. sg., mhd. Dat. pl. *ze wihen nahten*), weięr, Weiher, mhd. *wier, wîger, wiwer*.

î ist erstarrt (außer in den zwischen Klammern angeführten ˌFällen) in brimļ, Lexer 353 *brî-mel*, Mehl zu Brei, χìlbì (gekürzt), Kirchweih, mit mhd. *wîhe* (w zu b verhärtet) zusammengesetzt.

2) *û (ûw)* erscheint als *ou*.

bouę, Part. 'pouę, mhd. *bûwen* und *bouwen*, st. V. (daneben bṇ-meištęr, Baumeister), k-rouę, Part. von röüę, reuen, das nach Anal. der 5. red. Classe geht, k-šrouę, Part. von šreię (merkwürdigerweise geht ersteres nach Analogie der eben genannten Classe), söüę, B souę,

Säue (aber s**u**-trȧñk𝜒i, Schweinetränke, und s**u**, Sau), trou**ę**, mhd. *truwen, trouwen.*

3) *iu (iuw)* erscheint als *öü.*

𝜒nöü**ę**, knien, ahd. *chniuwen,* 𝜒öü**ę**, kauen, ahd. *kiuwan,* nöü, neu, (aber n**u**-pa𝜒𝜒**ę**, frischgebacken, N**u**-𝜒ìr𝜒𝜒, jetzt mißverständlich geschrieben Neunkirch. Doch schon 1621 hatte falsche Analogie um sich gegriffen, Urk. 92, 2 heißt es Nünkirch, 62, b Nükirch), öü, euch, öü**ę**, euer, **s**pröü**ę**r,* F., Spreu, amhd. *spriu,* N., tröü, treu (aber tr**u**li, treulich, in der Redensart: p-b**u**etis tr**u**li, behüte uns treulich, s. Gott). **u** ist erstarrt in dr**u**, drei, b**u**-rȯt**ę**, heiraten, zu ahd. *hiwan,* s**u**, scheu (selbst wenn man ein *scheuch* zu Grunde legt, so hat doch in andern Fällen wie wei, wei**ę**r u. dgl. ursprünglich folgendes *h* die Diphthongisierung nicht verhindert).

§ 20. Diphthongische Brechung vor *s* und *ch.*

Es handelt sich hier um die Verwandlung von mhd. *i, ü* zu *i**ę**, ü**ę*** vor *r,* von mhd. *í, iu* zu *i**ę**, u**ę*** vor *ch,* Erscheinungen, die mit einander im Zusammenhang zu stehen scheinen, wie denn auch im Got. sowol *r* als *h* vorausgehende Vocale beeinflussen. Daß in der Ma. die Brechung eine diphthongische ist, erinnert an die an. Spaltung von *e* oder *i* zu *ja* (vgl. Wimmer, an. Gr. § 15) vor *l, r.* Diphthongisierung von *i* vor *r* findet sich schon im Mhd. (vgl. mhd. Gr. § 112). Doch rechnet Weinhold mit Unrecht hieher Fälle wie *siet, geschiet,* bei welchen vielmehr, genau wie in S, der Stammvocal mit dem Vocal der Endung zu einem Diphthong zusammengezogen zu sein scheint. Ueber die Verwandlung des mhd. *í* zu *i**ę**, iu* zu *ü**ę*** (auch *ú* zu *u**ę***) spricht Staub F. M. 7, 351.

Diphthongisierung von *i* zu *i**ę**, ü* zu *ü**ę*** vor *r* zeigt S**_**in der Stellung vor altem *rr,* das aber in der Ma. = *r* ist. Die Fälle sind: f**ę**r-i**ę**r**ę**, verirren, k-**s**i**ę**r, Geschirr, **a**-k-**s**i**ę**r**ę**, anschirren, mit öp**ę**rt**ę**m k-**s**i**ę**r**ę**, mit Jemand im Umgang auskommen, tüer, dürr. So findet sich auch schon im Stadtbuch V, 231, 45 ierrung, VI, 270, 3 iertent, 35 ierren, VI, 276, 32 geschierro.

Nur Verwandlung des *i* zu *ie* zeigt sich consequent vor altem auslautendem *r:* mi**ę**r, Dat. sg. und Nom. pl. des Pron. der 1. Ps.; di**ę**r, dir, i**ę**r, Nom. pl. des Pron. der 2. Ps. (dagegen ir**ę**, Dat. sg. fem. des

---

* Die in dem Sg. eingedrungene Pl.-Endung hat offenbar collectiven Sinn; es wird dabei an die verschiedenen Hülsen des ausgedroschenen Strohes gedacht. Sonderbarer ist der Sg. **ę**s ei**ę**r, das Ei.

Pron. der 3 Ps.; es ist zu bemerken, daß nur bei ausdrücklicher Betonung dieser Pronomina diphthongisiertes i erscheint, sonst bleibt der Vocal kurz. — Zahlreiche Belege für mier, dier finden sich bei Th. Platter.

Verwandlung von mhd. *i*, *iu* in *iç*, *uç* zeigt S nur in tieχs], Deichsel, schon mhd. *diechsele* neben *dihsal*, füeχt, feucht, mhd. *fiuhte*, nicht aber lieχt, mhd. *lihte*, aarg. (Hunz. 166) *liecht*.

§ 21. Dehnung der Vocale und ihre Qualität in der Dehnung.

Die Dehnung kann in der Mundart hauptsächlich zweierlei Ursachen haben, 1) gewisse folgende Consonanten, 2) Ausfall folgender Consonanten. Unter 1) fallen: folgende liquide oder nasale, oft aber auch harte Lenis im Inlaut vor Vocalen oder im Auslaut, ferner (aber gewöhnlich nur in den Verbis der 1. abl. Classe) folgende Doppelliquida (= Nasal) oder Liquida (Nasal) vor harten Consonanten. Unter 2) fallen: *n, h, b, g*. Die Fälle für *h* sind: nịd, nicht, šlụ, ahd. *slahan*, trèņe, F., ahd. *trahan*, M.; für *b*: hạ, haben, gịšt, gịt, giebst, giebt; für *g*: lịšt, lịt, liegst, liegt.*

Uns interessiert hier weniger die Dehnung an sich, als die Qualität der Vocale, ob sie in Mitleidenschaft gezogen wird oder ob dies nicht geschieht. Bei *a, e, o* nun bleibt die Klangfarbe in der Dehnung dieselbe wie in der Kürze, ausgenommen gewisse Fälle vor Nasalen. Wie ist es bei *i, u, ü*? Nach S. 51 fallen die etymologischen Längen unter die Kategorie der geschlossenen Vocale; dem entsprechend sind die etymologischen Kürzen offen, doch nähern sie sich nicht so sehr den geschlossenen e, o, ö wie in den meisten übrigen Schweizerdialekten, so daß die Wenigsten für den Unterschied von i, u, ü und ì, ù, ü ein Ohr haben. Vgl. S. V, Anm. Für gedehnte Kürzen ì, ù, ü läßt sich im Allgemeinen der Satz feststellen: in Dehnungen vor folgendem Consonant behält der Vocal seine Qualität, in der sog. Ersatzdehnung, also der 2. unserer beiden Kategorien, verliert er seine Qualität, wird also geschlossen. Mit Sicherheit fallen zur letztern Gruppe freilich nur die vereinzelten Fälle der Dehnung nach Ausfall von Verschlußlauten, also gịst, gịt, giebst, giebt, lịšt, lịt, liegst, liegt** und von Spirans in nịd, nicht; bei ausgefallenen Nasalen kann sich deren trübende Wirkung geltend gemacht haben.

---

*Die Beispiele für die übrigen Dehnungen sind unter den betreffenden Consonanten aufgeführt.

** Aber freilich diese *i* gehen bereits in nhd. Zeit zurück, mhd. *gist, git* etc. stehen also historisch den etymologischen Längen gleich.

Ich führe nun die Beispiele der Dehnung von *i, u, ü* ohne Veränderung der Qualität auf.

be-trùg, Betrug, mhd. *troc*, d e̱-fûr, mhd. *dâ für*, spi̱l, mhd. *spil*, sti̱l, mhd. *stil*, aber, šti̱l lat. stilus.*

Ausnahmen: špur, F., Spur, mhd. *spor*, N., tsi̱l, mhd. *zil*. Die hieher fallenden Conjj. præt. der 1. abl. Classe, an die sich noch, obgleich lautlich gar nicht hieher gehörig, wu̱sst, wußte, anschließt, sind schon § 17, 3, a, *ò* vollständig aufgeführt, weßhalb ich nur auf jene Stelle verweise.

§ 22. Verkürzung von Vocalen und ihre Qualität in der Verkürzung.

Verkürzung von Vocalen tritt ein:

1) In einsilbigen Partikeln, namentlich Präpositionen, und andern vielgebrauchten Wörtern. Bisweilen trifft hier auch die Kürzung ursprünglich kurze, gedehnte Vocale.

2) Oefter in *i̱, u̱* vor Nasalen (vereinzelt in der abl. *i*-Classe auch vor Verschlußlaut). Während beim Verbum einfacher Nasal bleibt, wird er im Substantiv und im Auslaut geminiert.

3) Vor Nasal + Muta.

4) In unbestimmten Fällen bei i̱, u̱.

5) Gerne vor Liquiden und Nasalen.

6) Vor folgendem Vocal.

7) Durch Accentlosigkeit der Silbe.

8) In unbestimmten Fällen.

Interesse erheischen namentlich die Kürzungen von *i̱, u̱, ü̱*, weil bei ihnen auch die Frage nach der Qualität in Betracht kommt. Im Allgemeinen läßt sich über diese Folgendes feststellen:

1) Geschlossener Vocal bleibt vor einfachem stammauslautendem Cons. und im vocalischen Stammauslaut, wenn die Silbe betont ist (Beispiel für letzteres dri-tseni̱, mhd. drizehen.)

2) Der Vocal wird offen:

a) vor Doppelconsonanten und Consonantenverbindungen,

b) im unbetonten Auslaut oder vor auslautendem Cons., ausgenommen in Imperativen.

Um die qualitative Seite der Sache herauszuheben, behandle ich die Punkte, welche die Kürzung von i̱, u̱, ü̱ betreffen, zuerst und setze für diese je eine besondere Rubrik an. .

---

* Für die Richtigkeit dieser Beispiele sowie der Ausnahmen stehe ich nicht unbedingt; ich kann mich nur auf meinen feinhörigen Bruder, Prof. L. Stickelberger in Freiburg i. B. berufen.

1) Verkürzung von Vocalen in einsilbigen Partikeln, namentlich Präpositionen und sonstigen vielgebrauchten Wörtern.

a) Mit altem i̯, u̯, ü̯:

bì, bei, neben dẹbi̯, dabei, fù, von, neben dẹfu̯, davon, ùf, mhd. *ùf*, šù, schon, neben šu̯, hùt, mhd. *hiute.*

b) in sonstigen Fällen:

n̯, an, aber dra̯, daran, jò, ja, wo, wo, als Relat., ì ha, mhd. *ich hân*, h et, mhd. *hæte*, doch auch schon *hette, hete*, χa, kann (im Satz), mòl, mal (in Satzverbindung).

2) Verkürzung von i̯, u̯, vor einfachem Nasal.

a) mit einfach bleibendem Nasal.

α) Verba nach der abl. *i*-Classe: šinẹ, scheinen (Part. nach der u-Classe k-šùnẹ), šwinẹ, mhd. *swînen*, st. V. (Part. k-šwùnẹ). Diese Fälle und das ebenfalls gekürzte šwigẹ, Part. k-šwìgẹ, sowie das nach Analogie der 5. abl. Classe gehende χidẹ, tönen, Part. kχìdẹ, zeigen uns den Hang zur Vocalkürzung in dieser Conjugationsclasse, der im Toggenburg (vgl. W. 120) zum Gesetz geworden ist, in seinen Anfängen.

β) Schwache Verba mit dem Stammvocal *ü*: ùf-rumẹ, aufräumen, zu mhd. *rûmen*, fẹr-sumẹ, versäumen, mhd. *versûmen*, šumẹ, schäumen, mhd. *schûmen.*

γ) Sonstige Fälle: inẹ, hinein, wenn nicht iẹ, mhd. *in hin*, šwinẹ, mhd. *swînin*; auch die Possess. minn, dinn, sinn (mit reinem *i*, da ja das zweite *n* Acc.-Endung ist), mein (en), dein (en), sein (en).

b) Mit Verdoppelung des Nasals.

glinnẹr, Comp. von glì, gleich, bald (i bleibt rein, weil n nicht stammhaft ist), gùmmẹ, Gaumen, mhd. *gûme*, χumm, *kûme*, pflùmmẹ, mhd. *pflûme*, šwumm, (mit eingeschobenem w), mhd. *schûm*, tùmmẹ, mhd. *dûme*, linn-tuẹχχ, Leintuch, neben li̯-laχχẹ, von Lein, leinen, B hat auch χlinnẹr, šönnẹr, kleiner, schöner. Eine analoge Verkürzung von mhd. *â* mit Verdoppelung des Nasals ist tròmmẹ, sw. M., mhd. *dræme.*

3) Vocalverkürzung vor Nasal + Muta.

a) Bei i̯, ü̯:

fìnd, mhd. *vient, vînt*, frùnd, mhd. *vriunt*, nùnt, nichts, aus *niuwent.*

b) In der 3. Pl. Ind. Præs. von Vbb. contr. mit mhd. Inf.-Ausgang *-ân.*

fònd, gònd, šlònd, štònd, lònd, mhd. *fânt, gânt, slânt, stânt, lânt,*

4) In unbestimmten Fällen bei ị, ạ.

dri-tßenì, mhd. *driﬀchen*, hinẹχt, *hinacht*, χruslẹ, F., mhd. *krûse*, widẹ, salix, mhd. *wide*.

5) Vor Liquiden und Nasalen.

a) In allerlei Fällen:

brùm-bẹrì, N. = mhd. *hrâmber* (oder = brụn-bẹrì, braune Beere?), hèlgẹ, sw. M., B halgẹ, aus †haligẹ, Heiligenbildchen, überhaupt Bild, wènìg, mhd. *wènec*, wòrẹt, Wahrheit, wòr-baftìg, wahrhaftig (s. S. 31).

b) besonders gern in B ọ̀ = mhd. *ei*, bisweilen auch in S ạ = mhd. *ei*. S ann, B ònn,* einen, einer (urspr. Acc., vgl. L. Tobler Z. Z. 4, 383), B hòmm, heim, di-hòmmẹ, daheim, hòmmẹt-tsuẹ, heimatzu, mònẹ, meinen, S B naa, nein, wol = mhd. *neinâ.*
Die Kürzung kommt in B auch vor andern Conss. vor: wòss oder wòssẹ, weiß.

6) Vor folgendem Nasal.

Es kommt in Betracht die Endung des Conj. Præs. *-ö*, fòì, goì, ṡtòì, mhd. *vâhe*, *gâ*, *stâ.*

7) Durch Accentlosigkeit der Silbe.

-bèrg, sonst bọ̀rg, Berg, in Zusammensetzungen wie Frọ-bèrg, Frohberg u. dgl., fòrnòm, mhd. *vürnæme*, họχsìg, N., mhd. *hôchsit*, (g wie anderwärts ọ̀bìg, Abend), χìlbì, mhd. *kirwîhe*, *kirwe.*

S) In unbestimmbaren Fällen.

brètsìlì, mhd. *brézel*, mad, Mahd, mhd. *mâd* (wenn â hier wirklich lang ist, was Meyer Schulz. 2, 149ᵃ wegen des *a* statt des erwarteten ọ̀ mit Recht bezweifelt), 'n ọ̀bìd, guten Abend, rosẹ-rot, rosenrot, neben rọsẹ, Rose.

§ 23. Reducierte Diphthonge.

Ich sehe hier ab von der § 2, 1 besprochenen Reduction des einen Componenten der Diphthonge in mẹ̀jjẹ, blüẹjjẹ etc., da dieser durch folgendes *j* bewirkte Vorgang nicht eigentlich das ist, was ich unter Reduction der Diphthonge verstehe. Wir haben es zu tun mit der Verwandlung eines Diphthongs in einen kurzen Vocal, teilweise unter Einfluß des Accents. Wir betrachten 1) Fälle von reduciertem Diphthong

---

* Eine analoge Kürzung in den Possessiven minn, dinn, sinn, meinen (meiner), deinen etc. Ebenso im Dat. mimm, dimm, simm (vgl. S. 53.)

in der Stammsilbe, 2) in Nebensilben und unbetonten Wörtern. Unter
1) ist zu bemerken, daß *ou* vor *m* nicht geduldet, sondern in *ò* reduciert
wird, worauf dann *m* geminirt wird. B geht noch weiter und duldet
auch *uę, üę* vor Vocal nicht; übrigens ist zu bemerken, daß die letztern
teilweise in **lange** Vocale reduciert erscheinen.

1) *Reducierter Diphthong in der Stammsilbe.*

a) *ou* vor *m* zu *ò* reduciert:

bòmm, Baum, Pl. bǒmm, Dat. pl. bǒmmę (Doch heißt es bonęlę,
Baumwolle, was entweder bò oder bou voraussetzt), sòmm, Saum
(1) Rand des Gewandes, 2) Flüssigkeitsmaß), sòmmę, ein Kleid säumen,
tròmm, Traum, tròmmę, träumen, tsòmm, Zaum.

b) *uę, üę* vor *n* wird *ọ̣* (*ụ̣*), *ò* (*ó*):

B grọ̣, S grüę, mhd. *grüene*, B họ̣, F., S huęn, N., Pl. họ̣ęr, S hüę-
nęr, mhd. *huon*, B mònd, S müęnd, Pl. Præs. Ind. von müęsę, mhd.
müeʒen, B tònd, S tüęnd, Pl. Præs. Ind. von B tọ̣, S tuę, mhd.
tuon. Auch S gemeinsam ist Kχònęręt neben χuęręt, mhd. *Kuonrát.*

c) Sonstige Fälle.

S lụ̈rę-moltšęrę (Hauptaccent auf der zweitletzten Silbe), lụ̈rę s. St.
II, 186 Lüre; moltšęrę (B moltšęr, Accent auf der 1. Silbe) das was
man aus der Mulde (muęltę) kratzt, vgl. St. II, 213 Moltschere,
B motęr, S muętęr, mhd. *mueter*, B šo-maχχęr, S šuę-maχχęr,
Schuhmacher, B tòl, S tüęl, Conj. Præs. von tun, mhd. *tuoe*.

2) *Reducierter Diphthong in Nebensilben und unbetonten Wörtern.*

B bò, bei, dì — dię als Art. vor Adjj., mhd. *die, diu*, sì, stets für
siu, sie, sì, si, S tsù, B tsò, Præpos. mhd. *suo*, aber Adv. dę-tsuę,
dazu, we, mhd. *wie*, oder in ausdrücklicher Frage auch noch wię.

Ausgesschloseen sind hier die Fälle, wo durch Accentlosigkeit der
Silbe ein voller Diphthong bis zum tonlosen *e* herabgesunken ist.

Schwächungen von Vocalen und Diphthongen zu *i* und *ę* durch Accentlosigkeit.

§ 24. Die Schwächung *ì.*

Ich habe die beiden Schwächungen, die unter einander so manche
Beziehungen haben, zusammengenommen, steht doch *i* an Stellen, wo man
ę erwarten sollte, ja sogar für *i*. Indeß muß man nicht glauben, dieses

ì sei wie ę reducierter Vocal; es hat lautlich die vollständige Geltung eines kurzen offenen *i*.

Geschwächt kann *i* sein aus altem *i*, sodann aus *a, e, ę, u, ü*.

1) Die Schwächung aus í.

a) Aus ahd. *-i* und *-in* des Fem. und aus *-in* des Adj.:

blǫuì, Blüue (nur als Farbstoff), ahd. *plâwi* (blauer Fleck), bùrdì, ahd. *burdi*, faꞩsì, abd. *feiẕti*, hü̈ì, abd. *hôhi*, χelti, ahd. *chalti*, mèṅṅì, ahd. *managi*, mûlì, ahd. *mulin*, wórmì, abd. *warmi*. Hieber gehören wol auch: χlǫrì («Kläre»), Amelmehl, lùsì, Lustbarkeit (vgl. Gleichniß vom verlornen Sohn in Schaffh. Ma. V. 26 [Luc. 5] bei Stalder Dial. S. 312), ûrtì, F., mhd. *ürte*. Von Adj. auf *-in* nur: wùlì, mhd. *wül-lin*, die übrigen dieser Adjj. haben *-in* in *-ę* gekürzt.

b) Aus der Deminutivsilbe *-lin*.

fögìlì, mhd. *vogelin*, hòndlì, mhd. *hendelin*, hü̈slì, mhd. *hiuselin*, χìndlì, mhd. *kindelin*, mannlì, mhd. *menlin*, mèrlì, *mœrlin*. Charakteristisch zeigt sich die Deminutivendung in dem schaffhauserischen Spottvers auf die häufigen Geschlechter Oechslin und Stierlin: Öχslì und ìtierlì sind beidęs gliχχì tiꞩrlì, Oechslein und Stierlein sind beides gleich Tierlein.

Auch die wegen der Erhaltung des ersten *i* (anderwärts *ę*) für die Ma. charakteristischen Deminutiva auf *-ili* gehen offenbar auf altes *-lin*, *-ilin* zurück. Wenn Weinh. AGr. § 269 ein besonderes Suffix *-ili* ansetzt, so halte ich das für unrichtig. Es sprechen schon dagegen die AGr. § 270 angeführten Formen mit *ili*, die wol nicht nach Weinh. Dehnungen von *-ili*, sondern die erste Stufe der Abkürzung von *-ilin* sind. Am deutlichsten beweist aber der auch von Weinhold am letztangeführten Orte erwähnte schweizerische Sprachgebrauch, im Dat. Pl. das alte *n* wieder hervortreten zu lassen (nach Weinhold freilich *n* einzuschieben).

Beispiele für *ili:* ę bìtsìlì, ein bischen, hèlgìlì, Dem. von hòlgę, halgę, (Heiligen-) Bild, Dat. pl. bèlglęnę, χü̈nglęnę, moitìlì, Mädchen, Dat. pl. meitlęnę, ę wèṅgìlì, ein wenig.

Die Neigung für das erste *i* in *-ili* ist so groß, daß auch offenbar Analogiebildungen Statt finden: èrbìtlì, Dem. von ạrbęt, Arbeit, fórtìlì, Dem. von fòrtl, Vorteil.

2) Schwächung aus ahd. a, â.

a) aus *-a* des st. Fem. (mhd. *-e*):

bòsì, ahd. *basa*, bìndì, ahd. *binda*, χrięsì, ahd. *kirsa*, sògì, ahd. *saga*,

sega, tìlì, Zimmerdecke, nhd. *dilla*, wenn nicht = st. sw. M. *dil, dilo.*
Darnach geben auch fùrì, abd. *furuh*, χùχχì, ahd. *kuhhina.*

b) Aus *â, a* in accentloser Stellung.

α) in Procliticis: dì-, da- in dì-hạm, dì-fornạ, dì-hìnnạ, daheim, da vorn, da hinten, ì, Präpos. zur Bezeichnung des Dat., wahrscheinlich = *an,* das sonst als *a* erscheint (vgl. frz. à, engl. to); die
Mittelstufe bietet ạ-fañ̃ạ, vgl. § 25, 1, a, mì, man (dagegen in der
Inversion mạ); β) in Bestandteilen von Compositis: ö̆pìs, etwas, sùn-
tìg, Sonntag, und die übrigen Wochentage: mẹntìg, tsiạ̀tìg, B mikχ-
tìg (S mìtwùχχạ), dùnstìg, frìtìg, samstìg; dazu wẹrχtig,
Werktag.

3) Schwächung aus e.

Diese tritt hervor vor *nd, ns, nss* bei Ausfall des *n.* Vielleicht hat
dieses trübenden Einfluß geübt. Beispiele in dem noch ausftehenden Teil.

4) Schwächung aus u.

Es ist dieß der Fall in der Bildungsfilbe *-ung,* die, analog den
Ortsnamen auf *-ingen,* -iñ̃ heißt.

5. Schwächung aus ü.

ì, ìχχì, (mhd. *iu, iuh*), Dat. Acc. Pl. des Pron. der 2. Ps. Oft kommen
beide Formen — die zweite ist für sich nicht im Gebrauch — zusammen
vor: ẹr hèt ìχχì ö̆pìs 'kị, er hat euch etwas gegeben. ìs, enklitisch
für ûs, ahd. *unsih*, -ì für die mhd. Endung *-iu* des Fem. Sg. und des
Neutr. Pl.; vom Neutr. wurde -ì überhaupt auf den Pl. ausgedehnt.
Beispiel: mẹñgì frou, mhd. *mengiu vrouwe*; allì, Alle. In Verbindung
mit einem Subst. ist der Pl. des Adj. meist flexionslos: all tạg, alle
Tage, all lụt, alle Leute. — Die an Zahlwörter angesetzte Endung *-i*
geht wol direct auf das neutrale *-iu* zurück, z. B. nụnì, neune, neun
Uhr, ahd. *niuniu.*

§ 25. Tonloses ạ.

*1) ạ Schwächung aus vollen Vocalen und Diphthongen in Procliticis
und Encliticis.*

a) in Procliticis: -ạd, 'und' in zusammengesetzten Zahlwörtern,
z. B. tswei ạd aχtsg, zwei und achtzig; ạ, an, in ạ-fañ̃ạ, urspr.
Vb. anfangen, dann als Adv.gefühlt = nachgerade (vgl. dagegen § 24,
2, b, α), ẹn, ạ, unbest. Art. ein (en), eine, ein; fẹr-bị, vorbei.

b) In Encliticis: Zuerst sind zu merken ạnạ, ihnen, mạ, man

4*

in der Inversion, B hèt mę, hat man, neben mì hèt; męr, dęr, mir,
dir. Sodann Ortsadverbia mit angehängtem (im Gemeindeutschen gewöhnlich vorausgehendem) *kin* und *her*. Nach L. Tobler ZZ.
4, 380 scheiden Gebirgsmundarten noch zwischen *hin* und *her*, indem sie ersteres
als *-i*, letzteres als *-ę* haben. Auch im bad. Hegau hört man abì,
hinab. uì = *úf hin.** Daß wir es wirklich mit Encliticis, nicht mit
mhd. Endungen *-e*, *-en* zu tun haben, beweisen die bei Th. Platter (hg.
von Boos, Leipzig 1878) vorkommenden Zwischenstufen. Die mhd. Formen setze ich an ohne Rücksicht darauf, ob sie zufälligerweise so belegt
sind oder nicht. Diese Ortsadverbia sind: abę, mhd. *ab hin* und *ab
hĕr*, anę, mhd. *an hin*, d. i. hinan, hinzu, Th. Platter 17, 11 anhi,
fúrę, mhd. *für hin* und *für hĕr*, Th. Platter 31, 5 fúrhin, vorwärts,
in der Ma mehr = hervor, hèrę, mhd. *hĕr hin* (da es auch in der Bedeutung von hin vorkommt) oder = mhd. *hĕre?*, hindęrę, mhd. *hinder
hin*, obers. *hinter*, inę, zusammengezogen ię, mhd. *in hin*, ùfę, zusammengezogen uę, mhd. *úf hin* oder = mhd. *úfe, úffe?*, Th. Platter 8, 13
uffhi, umę, mhd. *umher*, ùssę, mhd. *úʒ hin*, ùʒ hĕr, Th. Platter, 31, 8
uszhe (= *úʒ her*).

2) Schwächung tieftoniger Bestandteile von Compositis.

Diese Schwächungen geben so recht ein Bild von der beim Ueber-
gang des Ahd. zum Mhd. vollzogenen Abschleifung der vollen Flexions-
silben, auf welche hier im Uebrigen nicht eingegangen wurde; die Abschleifung der Bestandteile von Compositis ist aber nur ein Fortgang
jenes Processes.

Wir unterscheiden:

a) Schwächung in schweren Ableitungssilben:

α) *-heit* wird streng mundartlich *ęt:* χrañχęt, Krankheit, k-wò-
nęt, Gewohnheit, wòręt, Wahrheit. Da aber diese Bildungen überhaupt der Mundart nicht sehr genehm sind, so giebt es wenig echte.
Es heißt mit Anschluß an die Schriftsprache: frei-heit, Freiheit, sèlìk-
χeit, Seligkeit, u-fęr-sant-heit, Unverschämtheit. β) *-eit* wird *ęt:*
ạrbęt, Arbeit. γ) ahd. *-in* des Adj. (ursprünglich kurz *-ina* und auch

---

* Auch in der Erzählung von A. Pletscher „Der Schimmilirüter in Schleitheim" (gemeint ist der wilde Jäger Wodan), die in der Ma. der Baar abgefaßt
ist, Unoth S. 144, kommt vor: duri (ggange), ahi = anhin (cho) neben abe-
gfüert. Es zeigt sich darin der Einfluß des Schwäbischen, der sich überhaupt
in dieser Ma. geltend macht.

schon mhd. als *-en* erscheinend, vgl. mhd. Gr. § 256) ist -*ę*: gold*ę*, mhd. *guldin* (aber noch guldì, Gulden, mhd. *guldin*), höltsę, mhd. *hülzin, świnę,* mhd. *swînin,* in *świnìs, świne śma̱lts,* Schweinenes, Schweineschmalz.

b) Schwächungen in Zusammensetzungen mit *-teil, -hart, -heim:*

α) *-teil* erscheint mit Absorption des Vocals als t]: fiert], Viertel, ebenso Fünftel etc., fort], Vorteil. β) *-hart* in Eigennamen erscheint echt mundartlich als *-ęrt:* Ni̱tęrt, Neithardt. γ) *-heim* in Ortsnamen st -ę: Śla̱tę, Schleitheim im Kt. S., Śtammę, Stammheim im Kt. Zürich, u. a.